国家自然科学基金项目（71573211）

国家自然科学基金项目（70973098）

国家现代农业产业技术体系项目"苹果产业经济研究"（CARS - 28）

内蒙古自治区高等院校科学研究重点项目（NJZZ8003）

内蒙古大学高层次人才引进建设项目（20700 - 5175165）

交易成本视角下专业化农户市场行为研究

——以苹果种植户为例

侯建昀　著

中国财经出版传媒集团

经济科学出版社

Economic Science Press

图书在版编目（CIP）数据

交易成本视角下专业化农户市场行为研究：以苹果
种植户为例/侯建昀著．—北京：经济科学出版社，2018.1
ISBN 978 - 7 - 5141 - 9046 - 5

Ⅰ. ①交…　Ⅱ. ①侯…　Ⅲ. ① 农户 - 市场行为 -
研究 - 中国　Ⅳ. ①F323.7

中国版本图书馆 CIP 数据核字（2018）第 029949 号

责任编辑：刘　莎
责任校对：郑淑艳
责任印制：邱　天

交易成本视角下专业化农户市场行为研究
——以苹果种植户为例
侯建昀　著
经济科学出版社出版、发行　新华书店经销
社址：北京市海淀区阜成路甲 28 号　邮编：100142
总编部电话：010 - 88191217　发行部电话：010 - 88191522
网址：www. esp. com. cn
电子邮件：esp@ esp. com. cn
天猫网店：经济科学出版社旗舰店
网址：http://jjkxcbs. tmall. com
北京财经印刷厂印装
710 × 1000　16 开　14.75 印张　210000 字
2018 年 1 月第 1 版　2018 年 1 月第 1 次印刷
ISBN 978 - 7 - 5141 - 9046 - 5　定价：49.00 元
（图书出现印装问题，本社负责调换。电话：010 - 88191510）
（版权所有　侵权必究　举报电话：010 - 88191586
电子邮箱：dbts@ esp. com. cn）

前　　言

在转型经济中，市场与政府共同对资源配置发挥作用，这两种力量之间的相互竞争、碰撞带来的市场与政府的边界问题成为困扰经济学家的持久谜题。尤其是有效制度供给的不足和市场失灵，导致市场主体间的交易成本居高不下，经济人行为以及他们利润的预算约束扭曲，引发了一系列令人费解的经济现象。在我们关心的广大农村，农地撂荒与农户经营规模小、经营细碎化并存，技术创新滞后与新技术应用率低并存，市场整合加快与农户组织化程度低并存，农产品生产区域专业化提高与农业副业化、农户兼业化加剧并存。这些矛盾和挑战迫切要求从理论上进行创新，进而为解决上述问题提供理论依据。交易成本经济学的分析表明，上述扭曲的经济现象的根源，就在于资源配置的交易成本太高。概括而言，交易成本是阻碍农户与产品市场和要素市场有机结合的主要摩擦力，是诱导农户参与自组织和市场协作的外在粘合力，也是决定农户契约关系选择的内生驱动力。因此，考察交易成本不为零条件下的农户市场行为规律，是理解农户这一市场主体行为扭曲的理论基础。

以此为背景，本书拟回答的关键问题包括：交易成本如何影响农户的要素配置和产品市场参与？交易成本可以诱致出哪些制度创新和制度安排？政策创新和制度创新的切入点是什么？围绕这些问题，本书对交易成本对农户要素配置行为和产品市场参与行为的影响进行了理论分析和实证检验，并基于实证研究结果凝练出相应的对策建议。本书的研究内容和研究结论概括如下。

交易成本视角下专业化农户市场行为研究

研究内容之一：交易成本对农户要素配置行为的影响研究。

本部分的研究目标是考察交易成本对农户土地流转和新技术采纳行为的影响，进一步基于专业化苹果种植户微观调查数据的实证分析表明，在土地流转市场，农户是否流入农地取决于农户的实物资产专用性、人力资本专用性和农地流转的社会经济风险，农地流入规模取决于土地的边际收益、生产能力以及农地流转的搜寻成本、谈判成本和执行成本。随着农地流入，农户经营规模扩大，有助于改善农户福利。

在技术市场，固定交易成本限制了农户的技术可得性，农户离技术供给主体的距离越远，其获得技术的可能性越低。技术市场的可变交易成本中，信息成本对农户的技术采纳行为构成明显的约束作用，农户的信息对称性越强，其采纳新技术的概率就越大。产品市场固定交易成本和可变交易成本对农户技术采纳行为也有显著影响，由于多年生经济作物对生产经营所需的固定资产投资要求与技术要求均高于粮食作物，且经济作物的实物资产专用性要求通常与人力资本专业性要求紧密结合在一起，表现为生产设施与农户的生产技术、经营管理等专业化水平相匹配。

研究内容之二：交易成本对农户产品市场参与行为的影响。

本部分的研究目标是阐明交易成本对农户产品市场参与和销售渠道选择的影响。本书的实证结果表明，在产品市场参与方面，资产专用性将提高农户的交易成本、市场风险和不确定性，距市场的距离对农户的市场化参与程度有显著的负向影响；农产品的运输方式对农户的市场化程度有显著影响，且呈现出梯次降低的特点。农产品的结算方式对农户的市场化程度有显著影响。这意味着降低农户的交易成本应该是推动农户参与市场，实现小规模农户与大市场对接的有效举措。在销售渠道选择方面，信息成本是农户面临的强约束，农户缺乏及时、可靠的市场信息来源，存在"信息困境"；谈判成本变量的回归结果证实，农户在谈判过程中的话语权有限，面临交易成本和生产者剩余分割的两难选择。执行成本对农户的销售渠道选择有显著影响，尤其是结算方式和违约情况是农户销售渠道选择考虑的重要因素；销售环境对农户销售渠道选择影响显著，农户加入合作社可以使农户获得信息优势和规模优势，降低农户的搜寻成本，农户个体特征对销售渠道选择影响不显著。

此外，农户通过销售合约方式参与产业链协作有助于克服交易成本，节约运输成本、谈判成本和缔约成本。与传统的经营方式相比，农户以销售合约的形式参与垂直协作，能提高单位净收益；对合作社或基地进行股权投资对农户的交易成本和单位净收益影响不显著。

研究内容之三：降低专业化苹果种植户交易成本的应对策略。

本部分的研究目标是基于前述研究结果，探寻降低专业化苹果种植户交易成本的政策选择。基于实证结果带来的对策启示包括：首先，有序推进农地流转的制度创新，降低农户的农地流转交易成本；其次，科学界定政府与市场的边界，降低农户的技术市场交易成本；最后，积极引导农业产业向纵向一体化，降低农户的产品市场交易成本。

目　　录

第1章 导 论

1.1 研究背景

在转型经济中，市场与政府共同对资源配置发挥作用，这两种力量混合、碰撞带来的市场与政府的边界问题成为困扰经济学家的持久谜题（MaMicheal，2016）。相对于稳态经济，转型经济的市场和非市场力量均处于变革之中，而规制这两种力量的制度变革和制度创新滞后，容易导致交易成本居高不下和市场主体行为扭曲，由此也会引发一系列令人费解的经济现象（Wang et al.，2016）。特别是在我们关心的广大农村，农地撂荒与农户经营规模小、农地细碎化并存（李升发和李秀彬，2016），农业技术创新滞后与新技术应用率低并存（王静和霍学喜，2015），市场整合、市场一体化加快与农户组织化程度低并存（廖祖君和郭晓鸣，2015），农产品生产区域专业化提高与农业副业化、农民兼业化加剧并存（柴玲欢和朱会义，2016），农产品总量过剩与结构性不足并存（王明和杨轩嘉，2015），这些矛盾和挑战迫切要求从理论上进行深入探索，进而为实践提供指导。

除中国以外，世界范围内其他以家庭为农业基本经营单位的转型国家和欠发达国家也面临着类似的问题，特别是东亚、东南亚和撒哈拉以南非洲地区（Lowder et al.，2016）。这些地区的农户分享全球化、市场化福祉的一个重要前提，就是需要应对人地关系高度紧张、经营规模小且经营分散、土地以及土地外其他要素市场发育不完善等构成的多重约束（Otsuka et al.，2016），以及在产品市场销售农产品以及在要素市场获得生产所需的资本、技术过程中居高不下的交易成本（Rig et al.，2016）。这也使得研究上述问题更有一般性的科学意义。

在分析方法上，新制度经济学为分析上述问题提供了一个富有解释力的视角。科斯（1937）开创性的研究表明，使用价格机制来配置资源是有成本的，即存在交易成本。导致上述经济现象的根源，就在于资源配置的交易成本太高。

1.1.1 交易成本是阻碍农户与产品市场、要素市场有机结合的主要摩擦力

对农户而言，市场既是机会也是压力。参与市场会使农户的经营能力、收入水平、消费水平等得到提高。但同时，不利的价格走向或不平等的市场力量也会使参与市场的农民面临一定的风险。尤其是在发展中国家，农户与市场的关系呈现出差异化特征，农户可能是自给自足型，即不参与市场，也可能是自己生产的农产品一部分用于自己消费，其余部分用于出售，也可能完全参与市场分工和专业生产，其生产行为和消费行为具有完全可分性。这种农户与市场之间的关系变化主要取决于与市场相关的交易成本（Key et al.，2000）。

换言之，作为市场壁垒的一种具体体现，交易成本成为资源匮乏的农户进入市场的关键性障碍，将农户与市场割裂开来。而规模小、组织化程度低的特点决定了农户在搜寻交易对象、建立销售合约、监督合约执行、抵御市场风险等方面处于劣势地位，参与农产品市场竞争的交易成本相对较高。而且农产品销售、流通的难易程度对农户进入组织化程度高、分工较为精细、协作相对密切的农产品产后组织体系有重要影响，这就使得与产业组织化程度较高的工业品相比，农产品流通效率较低，无法实现农业

生产与市场之间的有效信息沟通，难以满足消费者食品消费多元化对农产品生产的需求。

由此可见，我国农业与农村的产业组织体系必须进行制度变革和创新，只有通过制度变革来降低交易成本，提高农业和农民的组织化、市场化程度，才能适应现代农业发展的趋势。因此，借鉴日本、韩国和欧美等发达国家（地区）农业组织体系建设的有益经验，密切结合我国人多地少资源相对稀缺以及农业生产条件多元化的现实国情，研究能够克服较高的交易成本、优化农业产业组织体系、提升农户组织化、市场化、纵向一体化水平的有效途径，成为当务之急。

1.1.2　交易成本是诱导农户参与自组织和市场协作的外在黏合力

在国内外农产品及食品市场持续扩大的经济环境中，竞争导向和效率驱动促进从事农产品加工、储藏、运销以及其他中介服务的企业之间的分工更加精细、协作更加密切，导致以加工商、储运商、营销及贸易商、连锁经营商等为主体的农产品流通企业的组织化程度不断提高。在这种变化趋势中，农户必然面临国内国际市场不断扩大的挑战（Pingali，2006），以及日益强化的市场不确定性。针对这种状况，只有通过制度创新才能抑制人们的机会主义行为倾向，降低交易风险，提高交易效率，节约外生交易成本（朱学新，2005）。

为了降低交易成本、实现规模经济，在农业产业化经营中形成了纵向兼并和横向一体化两种产业组织模式（龙方和任木荣，2007）。从产业链的紧密程度看，可以分为契约模式、合作社模式和企业模式三种（侯军岐，2003）。从实践来看，契约的脆弱性和协调上的困难是契约模式的内在缺陷，信息不对称和契约执行成本成为组织演进和变革的内在动力。以合作社为中心的模式则帮助农户作为合作社成员凝结成利益共同体，容易实现组织内部的专业化分工，进而使农户可以从合作社得到多种内化的生产营销等方面的服务与收益，更重要的是可以帮助农户克服外生交易成本，提高农户进入市场或与产业相关主体谈判与交易的能力。而企业模式的优点在于农户能直接依托下游的公司（农业龙头企业）在资金投入、技术支持与市场营销等方面的相对优势，使农业生产向下游延伸，使农产品更快进入市场。但是，由于企业与农户难以形成有效、合理的利益共同体，同时，企业与分散的农户之间容易存在明显的交易不确定性，双方面临的交易成本较高，产业纵向协作的稳定性较差。

上述的产业组织模式说明，在农业产业组织制度演进和创新过程中，即从农户基于公开市场交易制度安排的直接交易模式向农户基于合作制度安排的内部交易过渡过程中，交易成本成为农户交易模式选择的决定性因素（王丽佳和霍学喜，2013）。但不同的产业组织模式或农产品交易制度，皆有其各自的优缺点，都需要在发展中不断地创新和优化。更重要的是，目前的研究并未给出上述模式和制度安排相对适应的产业领域和环境条件以及适用的边界，这些问题是本书需要厘清的命题。

1.1.3 交易成本是决定农户契约关系选择的内生驱动力

新制度经济学的研究证明，基于理性选择和个人效用最大化的原则，农户将寻求在以一定的技术状态、产权体系、交易成本为约束条件的价值最大化的契约安排（埃格特森，1990）。合理的契约安排，可以将风险分散或转移出去，并为农产品质量控制和农业投资提供激励。在要素市场上，作为土地、劳动力的使用者和（或）供给者，农户选择与使用土地权利或劳动力权力有关的契约安排的主要目的是为了在交易成本的约束下，规避风险并获得收益最大化。对于定额租约、分成契约和工资契约等不同契约安排，在各地的契约选择上存在差异，导致这种差异最重要的原因是不同的契约安排暗含的交易成本存在显著差异，而交易成本的存在将导致不同的资源使用集约度，当其他因素相同时，如果选择了最低交易费用的安排，可以实现效率（张五常，1994）。

同样地，在产品市场上，由于不同农产品生产过程中涉及的资产专用性、生产风险、市场风险以及生产者的经营能力、市场的留住能力存在差异，使得农户与产后组织的契约关系紧密程度也不同（Brousseau and Glachant, 2008）。资产专用型越强，为了节约交易成本，农户越倾向于选择建立紧密的协作关系（万俊毅，2008；聂辉华，2013）。

由于在全球化时代，农业之间的竞争已经上升到产业链之间的竞争。因而，要想实现现代农业的可持续发展，必须实现从要素市场到产品市场的全产业链整合，推动农户与产业的上下游组织之间缔结更为紧密的契约关系，实现农业产业的纵向一体化。在这种背景下，研究交易成本对农业产业纵向契约关系整合的机制和高价值农产品（以苹果为例）产业纵向一体化的路径，科学定位政府在农业产业纵向一体化过程中的角色，显得尤为重要。

农业产业组织体系中交易成本的存在，与其中农业经济主体的特点和环境是有关系的。由于农户作为农业链的关键性主体，受其身心、智能、情绪等因素影响，在追求利益最大化时会产生约束。同时，在这些主体中间存在着不同程度的机会主义行为，即为寻求自我利益而采取的败德行为，增加彼此不信任与怀疑，导致交易过程监督成本的增加和交易效率下降。农业经济（如价格）和自然环境的不确定性和复杂性，使得交易过程中增加了缔结契约的议价成本，并使交易的困难程度上升。农业投资中的专用性投资，因无法流通，使得交易对象减少及市场被少数人把持，市场效率下降。这些因素导致的交易成本直接影响农户的决策行为。

因此，交易成本对农户的市场化行为具有举足轻重的影响，围绕促进农户与组织化市场有效对接的命题，梳理不同历史时期农户对要素和产品拥有的产权完整程度不同的背景下农户作为经营主体的行为演进的一般规律，分析其变迁过程和发展趋势，揭示其理论依据、内在逻辑和发展路径，构建基于交易成本视角的农户市场行为理论体系，探索交易成本对农户市场行为的影响规律和特征，识别农户市场化的决策过程中的问题，为政府从支持农户进入市场、提高农业产业化经营水平等方面完善相关公共管理政策提供理论依据。

基于这种背景，本书拟解决的关键科学问题包括：第一，交易成本如何影响农户的要素配置和市场参与？第二，交易成本可以诱致出哪些正式的、非正式的制度安排？这些制度安排能否降低农户的交易成本？第三，制度创新的切入点是什么？

1.2　研究目的和研究意义

1.2.1　研究目的

本书的总体研究目的是围绕推进农户市场化，加强市场化组织程度这一研究主旨，以新制度经济学和农户经济学为指导，规范分析农户市场行为的特点，揭示其发展规律；运用实证研究方法，从交易成本的视角，分析和评价交易成本对农户市场行为的影响，在此基础上研究政府政策扶持模式的优化路径和整合方案。具体而言就是：

（1）形成交易成本对农户市场行为影响的一致的理论分析框架。

（2）从理论和实证两个层次廓清交易成本对农户行为的影响机理。

（3）在实证研究结果的基础上，探索到制度创新和政策干预的切入点和导入机制。

1.2.2　研究意义

围绕促进小农户与大市场有机结合的关键科学问题，归纳农户市场行为的演变规律和特征，运用以实证研究为核心的研究方法，分析交易成本对农户市场参与行为的影响机制，测定农户农产品生产、销售等环节的交易成本，分析农户参与要素市场、产品市场所面临的交易成本约束，研究农户参与垂直协作对降低农户交易成本的作用机理，具有重要的理论意义和现实意义。

（1）结合新制度经济学和新古典经济学理论，构建基于交易成本视角的农户市场行为理论体系，针对农户市场行为演变规律和特征的创新性结论，有助于丰富农业经济学领域的基础理论研究，研究成果对于拓展相关理论，具有重要意义。

（2）运用实证研究方法，针对交易成本对农户市场行为影响机理的实证检验的创新性结论，为农户改造和农业市场组织体系创新、农业产业纵向一体化建设、服务社会化机制创新奠定了基础。

（3）本书研究的现实意义在于从支持突破农户进入现代市场约束角度，研究政府公共政策的切入点和政策干预机制，可以为政府从支持农户进入市场、提高农业产业化经营水平等方面完善相关公共管理政策提供理论依据。

1.3 研究内容

1.3.1 交易成本对农户市场行为影响的理论研究

本部分的主要研究内容包括：一是借鉴新制度经济学的国内外最新研究成果，对交易成本进行概念分析，界定交易成本的内涵和外延；二是综合新古典经济学、新制度经济学、农户经济学等学科内容，为研究奠定文献基础；三是运用超边际分析方法和比较静态分析方法，构建交易成本不为零条件下的农户行为理论分析框架，提出研究的总体假设。

1.3.2 交易成本约束下农户市场行为规律实证检验

本部分借鉴国内外交易成本的前沿研究技术，以我国两大苹果优势区专业化种植户为研究对象，从信息成本、谈判成本、执行成本、监督成本、运输成本等方面，测定交易成本对农户市场行为的影响机制和作用规律。一是基于农户模型和供给弹性分析方法，实证分析交易成本对农户对土地、技术等要素配置行为的影响路径。二是实证检验交易成本对农户产品市场参与和销售渠道选择的影响路径。三是考察产业链的纵向协作对资源匮乏型农户的收入水平和交易成本的影响。

1.3.3 提高农户市场化水平的政策研究

本部分围绕识别农户市场化的决策过程及存在的问题，研究政府公共政策的切入点和政策干预机制这一主题，主要研究以下几方面的内容：一是围绕矫正不完全的或不足的农产品流通市场，研究政府增加公共产品供给及完善市场制度的对策。二是围绕激励市场或私人部门投资参与，研究控制农产品交易成本及交易风险的措施。三是围绕促进专业化组织发展及降低交易成本，研究政府保障市场信息披露，推动市场组织创新和产业协作的对策。

1.4　数据调查方案

随着中国农业市场化改革和农业结构调整的深入，相比于粮食等大宗农产品，苹果作为商品化和市场化程度高的高价值农产品，在生产过程中凝结了更高的技术含量和市场附加值，这就诱导实行专业化、市场化经营的苹果种植户，其要素配置和产品销售主要受要素市场供求变化的调节。因此，本书选择中国苹果优势产区的苹果种植户为研究对象。所使用的数据来自笔者于 2014 年 3～9 月在苹果主产区开展的实地调查所得。

依据农业部发布的《苹果优势区域布局规划（2008～2015 年）》，中国苹果生产主要集中在环渤海湾和黄土高原两大优势产区，其中环渤海湾优势区包括胶东半岛、泰沂山区、辽南、燕山、太行山浅山丘陵区，黄土高原优势区包括陕西渭北和陕北南部地区、山西晋南和晋中、河南三门峡地区和甘肃的陇东及陇南地区。为使调研样本具有代表性，采用分层抽样作为总体抽样原则，其中第一层样本单位是样本县，采用概率与规模等比例抽样；第二层样本单位是专业化苹果种植户，采用随机抽样方法。按照该调研方案，笔者在国家现代苹果产业体系产业经济研究室支持下，组织调研团队，共完成1086份农户问卷，其中有效问卷1079份。具体的有效样本分布见表1－1。

表1－1　　　　　　　　　　　　样本数量与区域分布

优势区	环渤海优势区				黄土高原优势区								合计
省份	山东				甘肃			陕西				河南	
亚区域	泰沂山区		胶东半岛		陇东南			陕北南部			渭北	豫西	
样本县	蒙阴	沂源	栖霞	蓬莱	静宁	庄浪	庆城	洛川	富县	宝塔	白水	陕县	
企业	0	1	0	0	0	1	0	1	1	1	1	0	6
合作社	2	5	1	0	0	0	3	4	2	3	2	3	25
农户	91	93	88	87	90	90	91	91	90	85	92	91	1079

1.5　研究的创新之处

1.5.1　理论上的创新

在理论框架上，本书围绕古典经济学和新古典经济学对农户市场行为研究逻辑上的分歧，融合了新制度经济学和新古典经济学两个主流学派的分析方法，构建一个一致的交易成本不为零条件下的农户行为分析框架，在理论上将产品市场和要素市场不同情境下农户作为要素需求者和产品供给者的研究框架和逻辑主线统一起来，具有一定的理论创新性。

在概念定义上，本书针对以往研究默认兼业农户和专业化农户同质性的强假设，在已有研究基础上，定义了专业化农户的概念，比较分析了与兼业农户相比所具有的优劣势以及面临的交易成本，从内在逻辑上将交易成本与专业化农户的要素配置行为和产品销售行为联系在一起，由此也在一定程度上解释了为什么专业化农户作为微观主体其市场行为会发生扭曲。

1.5.2 结论上的拓展

本书基于大量微观调查数据的实证结论表明，在要素市场上，要素市场的交易成本具有类似于对参与要素市场的农户征收了隐性的"累进税"，制约了农户的参与行为，降低了要素的配置效率，而活跃的要素市场对于分摊由于资产专用性导致的固定交易成本，转移资产专用性风险有重要意义。在产品市场上，固定交易成本和可变交易成本直接影响农户的收入，导致农户的效用曲线向左移动。同时，如果农户出售农产品获得的生产者剩余完全补偿为参与市场付出的可变交易成本时，农户将成为农产品的出售者；如果农户购买农产品获得的消费者剩余大于为参与市场付出的可变交易成本，农户将成为农产品的购买者。概括而言，农户将根据预期参与市场（出售或购买）获得的市场剩余（生产者剩余或消费者剩余）对其参与市场预计付出的可变交易成本的补偿程度，相机抉择成为农产品市场中的供给者、购买者，或自给自足。这些研究结论拓展了基于发展中国家微观调查数据的实证证据，丰富了交易成本在微观计量经济学领域的实证研究方法和研究案例。

第2章 农户市场行为研究综述

在重新认识农业重要性的背景下，许多发展经济学家和农业经济学家不再热衷于讨论宏观经济计划、发展战略等课题，认为政府应该尊重市场机制，按照市场的逻辑推动资源配置和经济发展（张维迎，2012）。经济结构内生地决定于要素禀赋结构，因而必须在市场价格引导下，按照比较优势原则确定哪些部门可以实现较快发展，哪些部门可暂缓发展（林毅夫，2010），即由竞争性的市场来配置资源、分配收入，可以显著提高经济效率。基于这种认识，许多学者把兴趣转移到农户行为研究方面，对农户在各种经济政策和体制下的行为方式给予了越来越多的关注，成为经济学研究的重要领域（文贯中，1989）。总体来看，研究农户行为的思路与经济学理论的演进相匹配，经历了由古典经济学到新古典经济学再到新制度经济学与新古典经济学的综合的过程。

2.1 古典经济学视角的农户行为

2.1.1 组织和生产学派

对于传统经济中的农户行为研究，主要形成以恰亚诺夫、斯科特、黄宗智等为代表的组织和生产学派（也有人称为"恰亚诺夫学派"）和以舒尔茨、波普金等人为代表的"理性小农"学派。

恰亚诺夫学派继承了奥地利学派中注重边际分析的特征，强调"农民农场"① 的劳动消费均衡，其核心思想是农民为满足家庭消费，需要把家庭劳动投入到农业生产中，因而需要特别注重农民关于家庭劳动投入的主观决策（恰亚诺夫，1920）。对于农户来说，一方面，农业劳动具有负效用，另一方面，为了满足家庭消费需要，农户又需要收入的效用，因此，农户的主观决策就是在上述的正负效用之间寻求一个均衡点。恰亚诺夫等的研究包含了一个重要假设是不存在劳动力市场，农户既不雇佣外部劳动力，农户成员也无法外部获取工资收入。如果这一假设成立或者部分成立，就可以得出在劳动力资源禀赋极其丰富但又不存在劳动力市场的地区，农户农业生产中的劳动力投入存在"内卷化"特点的推论（黄宗智，2000），即农户会过量地将劳动投入到农业生产中，尽管劳动投入的边际产出很低，甚至为零。类似地，斯科特认为，生存取向的农民宁可避免市场风险而不是冒险去最大限度地增加其平均收益。他们宁愿选择回报较低但较稳定的策略，而不是那些收入回报较高但同时也有较高风险的策略（斯科特，1976）。这一"生存伦理"构成前资本主义农业秩序中技术、制度安排的原则和基础（郭于华，2002）。

恰亚诺夫等的研究证明，在极端情况下，在达到期望的消费标准后，额外收入劳动引致的负效用会变得很高（艾利思，1988）。同时，维持生计的生产在农户家庭生产中的重要程度，也就是农户用于家庭自我消费的农产品占总产量的比重，不论是对"收入—闲暇"曲线斜率，还是对农民的均衡产量和均衡劳动量都没有影响。

总之，组织和生产学派构建了一个既包括消费又包括生产的农户家庭理论。这一理论的关键因素是农民家庭的规模、消费者与劳动者的比率、家庭劳动力的绝对数量、社会可接受的最低生活水准。这些因素对农户行为的研究尤其是家庭经济的核算产生了深远影响。从根本上说，以恰亚诺

---

① "农民农场"即所谓的农业企业性质的农场，农场经营者雇佣自己作为工人。

夫为代表的研究是对农户经济行为的人口学解释（Mellor，1963；Sen，1966），属于一种完全停滞的经济，没有市场、没有交换，也没有内生的动力诱发制度变迁和经济组织的个体行为发生转变。

2.1.2 理性小农学派

"理性小农"的观点最早由舒尔茨在其《改造传统农业》一书中提出，他的论断一反传统经济中关于农民是"非理性的、顽固的，在现代化过程中，他们是改造、限制的对象"的认识。相反地，他认为在一个竞争的市场机制中，农民的经济行为并非没有理性，他们作为经济人和企业家一样，努力追求自己的效用最大化。如果他们的行为与现代化相悖，那是因为这种现代化所赖以推行的政策或体制是不合理的。因此，传统农业中存在的储蓄率和投资率低下、资本匮乏的现象，主要是因为传统农业中要素的边际报酬递减，对农户的储蓄和投资行为缺乏应有的经济激励，一旦现代要素投入能保证在现有价格水平上获得利润，农户会毫不犹豫地提高储蓄额度、增加投资水平（舒尔茨，1964）。

波普金的研究思路基本继承了舒尔茨对小农经济的判断，提出了农民作为理性经济人的假设，认为农民是理性的个人或者家庭福利的最大化者，并指出理性意味着，农民首先根据自我偏好和价值观评估他们决策后果，然后做出符合效用最大化原则的决策。依据波普金的研究，小农户经营的农场与资本主义的公司或企业具有内在一致性，在市场活动和政治活动中，都是理性的投资者和决策者（Popkin，1980）。农民长期以来一直处于贫穷和接近生存边缘的弱势地位，但农民仍有很多机会进行剩余积累并进行一些有风险的投资。农民在作物生长周期和生命周期中都有计划和投资，除了决定长期或短期的投资外，还必须选择公共的或私人的投资，例如，将生产剩余用作生活保障、改善村庄环境等方面做出决策。

理性小农学派重新唤起了人们对农业的重视，尤其对小农的农场完全可以用资本主义公司来描述这一论断表明，传统农业的现代发展完全可以在斯密式的"看不见的手"的作用下，通过农民为实现利润最大化而主动进行的创新行为来实现（饶旭鹏，2010），这为后来将农户行为引入新古典经济学分析框架奠定了基础。

2.2　不考虑交易成本的农户市场行为研究

在新古典经济学框架下，要素市场和产品市场都被假定为完全有效，每一个微观的市场主体都具有完全信息，供给和需求可以自动实现均衡。在此基础上形成的生产者理论和消费者理论也是农户市场行为研究的理论依据所在，因为农户在农业要素市场和农产品市场分别扮演了消费者和生产者的角色。以此为背景，已有针对农户市场行为的研究主要通过构建农户模型来实现，即通过构建、改进和发展农户模型来分析农户生产、销售、消费、劳动力供给、土地契约选择等行为，在研究的方法论层次受到贝克尔的新家庭经济学的深远影响。

2.2.1　贝克尔模型

新古典经济学视角下的农户行为模型假定农户而不是个人是经济的基本单位。在贝克尔（Becker）的研究中，他假定一个农户既是产品或劳动的供给者又是使用要素所得收入的消费者，因而农户有一个效用函数，代表了农户对一系列消费品和劳动的偏好排序。由于一个典型的农户既是生产单位又是消费单位，所以贝克尔模型在农户行为研究中得到了广泛的应用。

如前所述，贝克尔模型的核心思路是将农户作为效用最大化的基本分析单位，农户内部生产的最终消费品为农户提供效用。在理论研究中，为了把使用价值和从市场上购买的商品区别开来，常常称前者为 Z 产品，后者为 x 产品（巴德汉和尤迪，1999）。农户的均衡条件是每两种 Z 产品的边际替代率等于生产它们的边际成本。生产任意 Z 产品 Z_i 的边际成本是为了生产更多一个单位 Z_i 所需要支付的新增成本。一个理性农户在均衡时会让各种投入的边际成本相等。贝克尔模型的实质是由受约束的生产函数和其他条件的最大化效用组成的（艾利思，1988）。

2.2.2　巴鲁姆—斯奎尔模型

巴鲁姆和斯奎尔（Barnum and Squire，1979）的研究，在综合贝克尔（1965）以及 Hymer 和 Resnick（1969）等的成果基础上，构建了一个新的农户模型（在本书称为"巴鲁姆—斯奎尔模型"），该模型为考察农户在农户禀赋（如农户规模和结构）与市场变量（如农产品价格、要素价格、技术）等条件发生变化时的反应行为提供了一个分析框架。该模型涉及的主要假设包括存在劳动市场、农户耕地数量一定、农户需要购买自己不能生产的生产资料、不考虑风险等内容。巴鲁姆—斯奎尔模型与贝克尔模型主要区别在于前者研究的不仅是农户而且是农场，这表明农户的产品可以出售，而不像贝克尔模型里的"户内"产品只能用于直接消费。"巴鲁姆—斯奎尔模型"最重要的贡献在于它从农户在农产品市场和要素投入市场决策的后果着手，引入对大范围农户经济的一般均衡分析，使得模型具有更强的解释力。

2.2.3　罗的农户模型

罗（Low，1986）在研究非洲南部国家农业增长停滞的命题时，基于恰亚诺夫模型和贝克尔模型建立起一个新的模型，该模型强调在存在劳动力、土地等要素市场的条件下，如果农户部分参与市场，且大量粮食自给不足的农户农业劳动力选择外出务工，那么农户中各个劳动者获得工资收入的能力存在显著差异，劳动者需要在务农和从事非农劳动之间做出选择。罗的模型说明农户理论能够灵活地适应各种不同的假设前提，并且针对农户可能面临的各种环境，提出相关的预测性结论。

在贝克尔、巴鲁姆、斯奎尔、罗等研究的基础上，后续学者将比较静态分析、一般均衡分析等分析方法引入农户模型中，用于分析农户的生产、销售、消费、劳动力供给等行为（Nakajima，1986；Saha，1994；Findeis，2002；Zhu，2008），但研究的基本思路和分析框架具有内在一致性。

2.2.4　农户模型在实证研究中的应用

新古典框架下的农户理论在国内外的实证研究和经验研究中得到了广泛应用，基于农户模型的预测结论对发展中国家农业经济政策的制定具有重要的参考价值和启示意义。

围绕农户对土地、劳动力、资本等要素的配置行为规律、特点和决定因素，众多学者运用农户模型及其相关的发展形势和微观调查数据，对发展中国家，尤其是非洲、东亚和中东欧等国家和地区进行研究，例如，针对农户的非农就业行为和土地配置行为的研究中，Sauer 等（2012）的一项基于科索沃的微观调查数据经验研究证明，经济结构、制度安排、安全感和农户特征是决定农户土地配置行为（如弃耕）的重要因素；梁义成等（2010）在针对中国西部地区的非农兼业行为研究中，发展了一个农户模型，阐释了在多重不完全市场条件下，农户的资本禀赋包括人力资本的分布特征和金融可及性对决定农户参与非农兼业活动具有显著影响。除了农户的资本禀赋之外，农户资产和劳动力市场的有效性也会导致小农户的劳动力呈现出多样性和差异化特征（Lovo，2012）。随着非农活动或兼业活动的扩大化，农户对土地的决策则倾向于转出（Huang et al.，2012）。

在对农户的消费行为研究中，李强和张林秀（2007）构建了一个用于分析中国加入 WTO 对农户生产和消费影响的局部均衡模型把农户的生产和消费行为结合在一起，进行微观模拟。除了农户模型之外，研究农户消费行为的另一方法是构建 AIDS 构型，估计农户的总消费需求和主要的食品项目消费需求例如，屈小博和霍学喜（2005）、李小军和李宁辉（2005）。

农户要素配置行为的另一个引人瞩目的热点是对农户投资行为的研究，例如，针对改革之后中国农户农地投资行为的研究结论证实土地产权、农地规模、金融环境、农户禀赋等方面的因素对农户的投资行为起到了决定性作用（姚洋，1998；林毅夫，2005；黄季焜等，2012）。

此外，随着人们对农业政策关注程度的提高，农户对农业政策的适应性行为也越来越多地受到了学界的重视。例如，有学者针对发展中国家的农业政策实施状况，通过构建农户模型，设置补贴强度、农资要素价格、农产品价格以及土地经营规模变化、粮食价格等情景条件，模拟农户对农业补贴政策、粮食价格、退耕还林政策、粮食收购政策的反应性行为特征和行为规律（Ramadan，2011；吴连翠和陆文聪，2011；刘帅和钟甫宁，2011；李树茁等，2010；张林秀和徐小明，1996）。

应用新古典的均衡分析范式，围绕弹性的价格波动以满足需求这一核心，取得了巨大的成就，但是并不能解释市场的特征。依据 Coase（1998）的判断，应用瓦尔拉斯式的分析，存在着以下矛盾或问题：一是经济分析模型的自相矛盾不能说明市场运行的成本。二是假设农户作为生产者和消费者之间的协调（默认的制度安排）是预先存在的，并假设交易商品的性质是事先固定的，而且假设所有市场的行为人高效地参与这一匹配过程，这与真实市场的思想相抵触。三是这些模型是不现实的，因为在实践中，代理人（即生产者）在均衡之外交换商品和服务，其带有双边的内容，即代理人没有另一方正在交易的水平和价格的知识，也没有这些价格是否是市场出清的知识。在这种背景下，交易成本经济开始兴盛，它源于针对瓦尔拉斯市场理论的缺陷出现的在理论层面和实证层面的改进运动，形成了科斯—德姆塞茨—阿尔钦—威廉姆森—诺斯学派（Bardhan，1989）。

2.3 考虑交易成本的农户市场行为研究

随着近年来新制度经济学的兴起，交易成本作为新制度经济学的核心概念被引入农户行为研究中，进而对农户的市场参与行为、契约选择行为、市场协作行为有更强的解释力。值得注意的是，由于学界对交易成本的本质和外延的认识存在分歧（王彦齐和郭翔宇，2012a），因而针对交易成本与农户行为的研究尚未形成像新古典经济学框架下那样严谨一致的分析范式。将交易成本引入农户行为分析模型之后，学界相应的研究内容主要集中在交易成本的概念与实证研究进展、农地流转行为、农户市场参与行为、农户契约关系选择行为、农户农产品销售行为以及农户专业化组织参与行为等方面，这也是本书研究综述的重点。

2.3.1 交易成本的概念与实证研究进展

交易成本理论是研究农业产业主体行为的重要理论。在农业产业化过程中，包含一系列的交易成本：由于农产品信息与交易对象信息搜集引起的搜寻成本；由于取得交易对象信息和交易对象进行信息交换所引起的信息成本；由于价格、契约、品质讨价还价引起的议价成本；由于进行相关决策与签订契约所需的决策成本；由于监督交易对象是否依照契约内容进行交易所引起的监督成本；由于违约时所需付出的违约成本。正是这些交易成本的存在导致农户的行为倾向和行为特点会随交易成本的变化而发生改变。

回顾文献可以发现，按照科斯（1990）、威廉姆森（1994）等的研究，交易成本可以定义为产品产权转移过程中衍生出来的成本，该成本内生于决策者个体特征和交易环境。交易成本的典型情形是使用价格的成本和企业内部的管理成本，前者可以称为"市场型交易成本"，后者可以称为"管理型交易成本"。此外，就法律意义的制度而言，还应当考虑政治体制中制度框架的运行和调整所涉及的费用安排，即"政治型成本"。每种类型的交易成本都涉及两个变量：一是"固定的"交易成本，是指建立制度安排所做出的具体投资；二是"可变的"交易成本，系指取决于交易数目或规模的成本（弗鲁斯顿和芮切特，2000）。

交易成本经济学作为组织经济学的核心理论（聂辉华，2004），在概念研究和实证检验两方面都取得了重要进展。在概念研究方面，Williamson 认为交易成本涉及三个关键概念：技术方面（资产专用性）、人员方面（有限理性）、行为特性方面（机会主义）。后续研究中，Chang（1983）和 Williamson（1985）将交易成本区分为信息搜寻成本、谈判成本和监督成本三种类型。在交易成本的实证研究领域，马斯特说明了 Williamson 如何克服直接度量交易成本的难题，即通过分析交易细节对各种治理结构的差别效率的影响来设计可检验的假设。安德森回顾了交易成本经济学在营销领域的应用，并证明了交易成本经济学在构建复杂问题、形成假设等方面的作用（Groenewegen，1994）。总体而言，关于交易成本的研究文献是当前经济学发展最快的领域，主要的研究还涉及了道德风险、不完全信息、各种带有内生交易成本的博弈论模型（如序贯均衡模型、承诺博弈模型等）、体制设计、不完全契约和剩余权模型等，这些研究为解析中国的转型过程中，关注制度环境、治理结构和个人间的互动关系，提供了有益的帮助。

2.3.2　农地流转市场的交易成本及其对农户农地流转市场行为的影响

已有研究，特别是来自欠发达国家的实证研究表明，农地流转市场的交易成本取决于以下因素：一是农地流转市场主体间的信任状况。这里双方之间的信任又取决于文化习俗、宗法关系、已有的交易经历以及信息对称性。一般认为，交易成本随着双方的信任关系上升而下降。在存在种姓和肤色歧视的某些欠发达国家，不同肤色或种姓间的土地流转（买卖）交易成本会更高。二是为寻找交易对象而付出的搜寻成本和谈判成本。有学者认为搜寻成本和谈判成本与土地交易规模无关，属于固定交易成本范畴。三是为完成土地交易而付出的执行成本，即依据土地流转（买卖）的合约类型和内容，为完成交易而付出的成本（Holden and Ghebru，2005）。

从微观角度来看，交易成本对农户农地流转行为的影响体现在：一是影响农户的农地流转市场参与；二是影响农户的农地流转契约选择。如果农地市场是完全市场，那么理论上决定农户农地流转参与的唯一因素就是农地价格；事实上，现阶段多数发展中国家农地产权不清晰，产权保护体制不到位，交易成本成为把农户农地流转市场参与的重要决定因素（Deininger and Jin，2005）。此外，交易成本对农户农地流转契约选择的影响机制具体体现在，交易成本决定了农地流转双方缔结的契约形式。在现代，正是由于分成租佃的契约形式凝结的执行成本极高，因而更多的农地流转契约以固定租赁甚至赠予的形式出现（Skoufias，1995）。

与其他国家的实证证据相比，中国问题的复杂之处在于：一方面，农地权属关系模糊及其保护机制滞后导致农地流转交易成本居高不下（程令国等，2016）；另一方面，村域内的农地频繁调整也提高了农地流转及与土地相关的投资风险（张红宇，2002）。

基于中国现实，围绕农地流转的交易成本和农民农地权利的边界研究也取得令人瞩目的进展。例如，王彦奇和郭翔宇（2012b）以"交易费用两分"为主要研究工具，延续交易费用的产权内核，并将其外延进行结构性划分为两部分，即与市场微观主体相作用的单边交易费用和与第三方（政府）相作用的结构交易费用，结合田野调查案例和数据，集中分析农村土地承包经营权流转及其市场机制建设问题。罗必良等（2008a，2010b，2012c）、李孔岳（2009）基于威廉姆森的交易费用分析范式和来自广东省的微观调查数据，对影响农地流转交易成本进行了资产专用性、交易的不确定性和交易频率三个维度的实证分析。邓大才（2007a，2009b）针对中国农地制度安排、交易成本、农地流转价格三者之间的制度逻辑进行了规范分析。万举（2009）、刘勤（2012）对农地流转的交易成本困境和农民土地权利的边界进行了探索性分析。上述研究表明，交易成本对农地契约安排和农民农地配置行为、农地流转效率、农地流转价格有重要影响，而且其作用机制具有复杂性和广泛性特征。

2.3.3　技术市场交易成本及其对农户技术采纳的影响

近年来，应用交易成本经济学相关理论考察农户行为的实证性研究逐渐深入，为解释农户技术采纳行为提供了一个新的视角。如果农户希望在技术交易市场获取合意的产品，则必须付出与技术交易有关的成本，如运输、信息搜寻、谈判、监督和执行等成本。交易成本理论可以有力地解释技术市场失灵和农户的技术决策行为，尤其是在发展中国家，当要素市场存在市场失灵时，技术推广服务、金融信贷服务供给缺失，技术市场交易制度改革会因季节性流动资产约束导致交易成本上升，制约农户的新技术采纳（Nelson and Temu，2005）。

Khaledi 等（2010）的研究表明，农户在由传统农产品转向有机农产品生产过程中，交易成本对农户的种植决策有关键性影响。Alene 等（2008）、Olale 和 Cranfield（2009）分别通过构建农户净收益最大化静态函数和均值方差收益静态函数，验证了化肥市场交易成本对农户参与化肥市场的决策及其程度的影响。估计结果表明，化肥市场距离会对农户尤其是风险厌恶型农户参与化肥市场的决策及其程度产生约束。与此类研究结论类似，Salazar 和 Winters（2012）通过构建农户生产消费决策模型，分析了种子市场交易成本对农户土豆品种多样性选择决策及其产量的影响。实证研究结果表明，种子价格、种子市场距离、品种多样性程度等种子市场特征是影响农户参与种子市场的决策及其程度的关键因素。王静等

（2014）基于农户要素稀缺诱致性技术选择行为及技术市场交易制度分析框架，对技术市场交易制度安排产生的交易成本对农户要素稀缺诱致性技术选择行为的影响进行了比较分析，研究表明，由于农业技术市场发育相对滞后，技术交易成本成为农户要素稀缺诱致性技术选择行为的关键因素。

2.3.4 农产品销售市场的交易成本及其对农户农产品销售的影响

理论界一般按交易时序将交易成本划分为信息成本、谈判成本、执行成本、监督成本。不同农产品由于性质不同，衍生出的交易成本也有显著差别。屈小博和霍学喜（2007）对苹果种植户的交易成本与销售行为的实证研究证明，信息成本对不同规模农户而言都是极强的市场约束，而监督成本和谈判成本对不同规模农户的影响存在差异。

针对苹果、柑橘、香蕉、谷物、玉米、肉牛、蔬菜等农产品的实证研究发现，农户对农产品销售渠道的选择受农户个体因素（包括户主年龄、受教育程度、到销售点的距离、是否参加合作社、资产专用性、生产规模、交易频率、社会资本）、交易成本（谈判成本、信息成本、监督成本、运输成本、执行成本）的影响（侯建昀和霍学喜，2013；宋金田和祁春节，2011；Woldie and Nuppenau，2009，2011；Gabre - Madhin，2001；Hobbs，1997；Gong，2007；FertÖ and Szabó，2002）。

基于销售契约关系选择的视角，Williamson（1979）对垂直协作内部的契约结构进行了开创性的研究，他按照"麦克尼尔契约精神"将合约分成了三类：古典契约法、新古典契约法和关系性缔约活动。古典契约法强调法规、正式文件及交易的自行清算；新古典契约法是一种长期契约，它的特点则是契约筹划时即留有余地，使得契约具有灵活性；关系性缔约活动则受限于交易双方默认的或者明确规定的游戏规则。Mignel 和 Jones（1963）按照 Williamson 的契约分类方法将农产品和食品产业的契约安排分为市场规范、生产管理和要素供给三类。

在相应的实证研究中，Frank 和 Henderson（1992）构建了一个垂直协作指数来考察垂直协作和垂直整合的契约安排强度，研究认为交易成本是推动垂直协作的首要动因，垂直协作比垂直整合的强度更高。此外，学界对腰果、茶叶、苹果、梨等农产品销售环节的契约关系研究表明，降低交易成本和交易风险是农户选择垂直协作模式的主要原因（Dorward，2001；姚文和祁春节，2011；蔡荣，2011；蔡荣和韩洪云，2011；Degla，2012；黄祖辉等，2008）。

2.3.5　交易成本对农户经济组织参与行为的影响

Williamson（1975）的研究认为，交易成本的决定因素包括市场的不确定性、市场垄断、资产专用型、有限理性和机会主义行为等因素。这些因素中既有情景的因素，又有人的因素，而且这些因素往往是同时作用。农户经济组织产生和发展的一个重要理论依据就是交易成本理论。农户经济组织用一系列强或弱的长期契约关系替代临时性的小规模市场交易关系，以此来减少市场交易成本（李小建等，2009）。由于资产专用性、交易的外部性以及广泛存在的市场交易成本，使得市场分工始终处于不完备状态，因而农民经济组织的出现，将交易成本较高的市场组织与市场分工纳入组织内部，成为对相关市场不完备性的一种补充。由于农业产业的特殊性导致市场分工的不完备性更为突出（罗必良，1999d），从而对专业化合作组织需要更为迫切。

理论研究和实证研究证明，农户通过合作经济组织进入市场，可以降低交易成本，增加收益（Staatz，1987；张永丽，2005；Szabó G. G.，2002；Cook，1995；黄丽萍，2007），被认为是带动农户进入市场的基本主体（黄祖辉和徐旭初，2003）。也就是说，农户专业化合作组织的引入是有效率的，可以改变交易利益的均衡水平，改变直接交易的交易成本，随着交易规模的扩大，市场交易关系越复杂，农户专业化合作组织节约交易成本的成效就越明显（徐旭初，2005）。

2.4 文献评论

综合已有文献可以发现，学界对农户行为的研究具有以下三个特点：第一，从研究的主线来看，在研究方法上紧密围绕现代经济学的发展路径，其研究思想具有内在一致性，这也成为本书研究中构建农户行为理论体系的起点。第二，将交易成本的概念引入农户行为的理论研究和实证研究中，但要素市场的交易成本和产品市场的交易成本的测定，都基于不同的分析框架展开，有待于改进和完善。第三，已有的经验研究和实证研究更多地关注于非洲和拉美地区的欠发达国家的交易成本和农户市场行为，这些地区的要素市场和产品市场发育水平较差，农户的市场化程度相对降低，与中国的国情存在极大差异。第四，已有研究在研究对象上并未区分专业化农户和兼业化农户的差别，默认这两者是同质的，这一假设与现实存在着鸿沟。更重要的是，专业化农户作为现阶段中国农业政策的重要导向以及未来新型农业经营主体扶持的重点，应当引起学术界应有的重视。

与撒哈拉以南非洲、南亚的国家相比，中国高附加值农业产业在要素禀赋特征和产业发展环境的优势体现在人力资本储备相对丰腴、农业政策利好、国内市场需求巨大，在农产品市场和要素市场不存在种姓和肤色歧视引发的交易成本；与此同时，劣势也很明显，一是人地关系高度紧张，经营规模小使现代生产技术难以发挥出规模效应；二是产业链协作程度低，农户的生产风险和销售风险难以转移出去，也无法通过市场主体协作分摊专用性资产投资。

以此为背景，本书研究的目的是，在理论上，结合新古典经济学、新制度经济学、农户经济学知识，围绕促进农户与组织化市场有效对接的命题，构建基于交易成本视角的农户市场行为分析框架，探索交易成本对农户市场行为的影响机制；在实证上，以中国苹果种植户抽样调查数据为基础，立足于中国案例实证分析交易成本对农户要素配置和产品销售的影响，进而为现阶段土地市场、技术市场和农产品销售市场的主体行为扭曲提供一个新的解释。

第3章 专业化农户市场
行为的理论基础

考虑到农户在要素市场和产品市场分别作为要素的购买者和农产品的生产者、销售者出现，两个角色显著不同，因而支付的市场交易成本在性质上和总量上也有明显差别，更重要的是，交易成本的存在破坏了经典农户模型的对偶性。因此，需要在前文概念分析和文献综述的基础上，综合新制度经济学、新古典经济学和农业经济学的相关理论，构建在交易成本不为零条件下的要素市场农户资源配置模型和产品市场农户市场参与模型，进而基于比较静态分析得出研究的总体假设，为后续章节的实证分析奠定理论基础。

本章的任务是，首先对专业化农户及其市场行为进行概念分析，在此基础上推导农户的专业化决策过程。同时，建立交易成本不为零条件下农户的要素配置模型和市场参与模型等两种理论模型，进一步基于比较静态分析方法，归纳交易成本对农户要素配置行为和市场参与行为的影响机理，提出研究的总体假设。

3.1 专业化农户及其市场行为的概念、类型与特征

3.1.1 专业化农户的概念

专业化农户是指以家庭为基本单位，专门（或主要）从事某种农产品

的生产或某种经济活动的农户，具有以专业化商品生产为主、生产项目高度集中、单一农产品销售收入占农业总收入的比重高等特点，按照其生产的产品分类，可以分为谷物、棉花、家禽、蔬菜、水果等专业化农户。在日本，传统上将生产一种农产品的销售收入占农业经营总收入 60% 以上的农户视作专业化农户（尤小文，2005）。在中国，专业农户是指家庭劳动时间大部分用于农业中的某一产业，且收入占全部收入 50% 以上的纯农户，主要由专业种植户、养殖户、营销户、农机户等构成（张晓山，2008）。参照上述标准，苹果种植户无疑是专业化农户的典型案例。

相应地，专业化农户市场行为是指在给定的资源环境和制度环境约束下，从事专业化生产和市场化销售的农户为了实现利润最大化的目标，在要素市场和产品市场采取的"要素配置、农产品销售和市场参与"等多方面的行为决策与偏好。

3.1.2　专业化农户面临的交易成本

学术界常使用交易成本来解释发展中国家的农业市场失灵问题，例如，农村信贷市场（Besley，1994）、劳动力市场（Bardhan，1984）、土地市场（Carter and Mesbah，1993）以及农产品销售市场（Stiglitz，1998；Holden and Binswanger，1998）。这些市场失灵也孕育了相应的替代制度安排，例如土地流转市场的分成租佃制以及市场之间互连（Khandhar and Rosenweig，1993）。

从农产品市场参与主体的角度来看，数目庞大的小农户以及与该群体紧密相关的农业生产要素供应商和农产品销售商之间的交易成本是实质存在的。如果交易成本不存在，那么双方的交易行为也不会发生。从农业生产资料供应商和农产品销售商的角度来看，与大量农户交易相关的交易成本包括：一是与管理和生产、加工、销售环节一体化相关的科层成本；二是与农户沟通和合作付出时间的机会成本；三是与潜在供应商或经销商可靠性和质量相关的监督成本；四是产品产权转移过程中相关的成本，主要包括包装、储存和运输成本，上述交易成本中有些与物质成本紧密相关，如运输成本、包装成本。另一些则与信息不对称性和合约的执行有关。

从农户的角度来看，从事生鲜、高附加值农产品生产的农户所面临的交易成本通常更高。这是因为，一方面，由于农村通信、交通等基础设施滞后，而且相关的包装、储存和冷链运输成本更高；另一方面，高附加值农产品生产所需的专用性资产投资更密集。例如，苹果种植所需的专业机械和土地相关的专业化投资远高于谷物种植户，导致农户交易被违约风险和套牢风险居高不下。

这里与专业化农户相关的交易成本是我们研究的核心所在，它与农户自身的异质性特征，如资产可得性、土地质量以及所生产的作物种类有密切关系。换言之，农户参与要素市场和产品市场面临的交易成本是一束成本，而且如果农户为了参与市场所支付的交易成本超过了所获收益，那么农户将不会参与市场，而是选择自给自足。具体地，专业化农户在要素市场和农产品销售市场面临的交易成本总结如表 3 - 1 所示。

表 3 - 1　　　　　　　　　**专业化农户面临的交易成本**

成本	土地流转市场	技术交易市场	农产品销售市场
固定交易成本	实物资产专用性	地理位置专用性	实物资产专用性
	人力资产专用性		人力资产专用性
	地理位置专用性		地理位置专用性
可变交易成本	搜寻成本	搜寻成本	搜寻成本
	谈判成本	谈判成本	谈判成本
	执行成本	执行成本	执行成本
			运输成本

3.2 农户专业化生产决策过程

3.1 节的分析表明，农户的生产目的是以市场为导向，以获得最大货币利润为目标，根据各种要素的市场价格、产品价格，对产品的价格和供求做出预期，通过要素的合理配置，把生产安排在最有利的水平上，以实现在保证投入一定的条件下，产出最大化。那么农户从分散经营到专业化经营的经济学原理是什么？这一问题需要进一步的解答。参照盛先友 (2005) 的研究，假定社会中有 M 个决策前同质的农户，每个农户既是生产者，又是消费者，农户的效用函数为：

$$u = (x + k_x^b)(y + k_y^b) \tag{3.1}$$

相应的约束条件为：

$$x + x^s = l_x^a \tag{3.2}$$

$$y + y^s = l_y^a \tag{3.3}$$

$$l_x + l_y = l \tag{3.4}$$

$$y^s = p_x x^d + p_y y^d \tag{3.5}$$

其中，x 和 y 分别表示农户生产苹果和小麦两种产品的自给自足量，x^a 和 y^b 分别表示农户的购买量，k 表示购买过程中的交易效率。$\alpha_i > \alpha_u$ 和 y^s 分别表示苹果和小麦的销售量，l_i 是用于生产产品 i 的时间。每个人的总工作时间假定为 1 单位，则 l_i 就是生产该产品的劳动份额。

如果农户专业化生产苹果 (x)，而购买小麦 (y)。那么，在模式 (x/y) 中，x, x^s, y^b, l_x, $l_y > 0$, $x^d = y^s = y = l_y = 0$。此时，农户的决策问题为：

$$\max u = x k_y^b \tag{3.6}$$

约束条件为：

$$x + x^s = l_x^a \tag{3.7}$$

$$l_x + l_y = 1 \tag{3.8}$$

$$E(y_i \mid x_{1i}, \ x_{2i}) = \Phi(x_{1i}\gamma)\{x_{2i}\beta + \sigma \times \lambda(x_{2i}\beta/\sigma)\} \tag{3.9}$$

式（3.6）的最优解为：

$$x = \frac{1}{2}, \ l_x = 1, \ x^s = \frac{1}{2}, \ y^d = \frac{p_x}{2p_y}, \ u_x = \frac{kp_x}{4p_y} \tag{3.10}$$

如果农户专业化生产小麦（y），销售小麦（y）而购买苹果（x）。那么，$x = x^s = y^b = l_x = 0$，x^d，y^s，y，$l_y > 0$。由此可以将农户的决策问题凝练如下：

$$\max \ u = yk_x^b \tag{3.11}$$

约束条件为：

$$y + y^s = l_y^a = 1 \tag{3.12}$$

$$y + y^s = l_y^a = 1 \tag{3.13}$$

式（3.11）的最优解为：

$$x^d = \frac{p_x}{2p_x} \tag{3.14}$$

基于超边际分析方法，可得：当 $k < k_0 = 2^{2(1-a)}$ 时，每个农户理性的生产决策时自给自足，同时生产苹果和小麦；当 $k > k_0 = 2^{2(1-a)}$ 时，农户将会选择专业化生产模式，至于农户选择种植苹果还是小麦则取决于苹果和小麦的相对价格。总之，农户是否进行专业化生产，取决于农户的交易效率 k，即交易成本系数（$1-k$）的高低。

3.3　交易成本对农户要素配置的影响机理

给定任意农户，具有两种要素禀赋，如土地和技术，相应的数量分别为 $\bar{L}$ 和 $\bar{N}$。在相应的要素市场上通过要素交易获得的数量分别为 L_j 和 N_j，土地市场交易的价格为 R_0，相应的固定交易成本（fixed transaction costs）和可变交易成本（variable transaction costs）为 FC^L 和 VC^L；技术市场交易

价格为 w，固定交易成本为 FC^N 和 VC^N。假定要素市场交易成本随要素交易数量的增加而增加，且有：$L_j = L - \bar{L}$。进一步地，我们可以借鉴 Holdens、Otsuka 和 Place（2009）的研究，引入图 3 – 1 来阐明交易成本的影响机理。

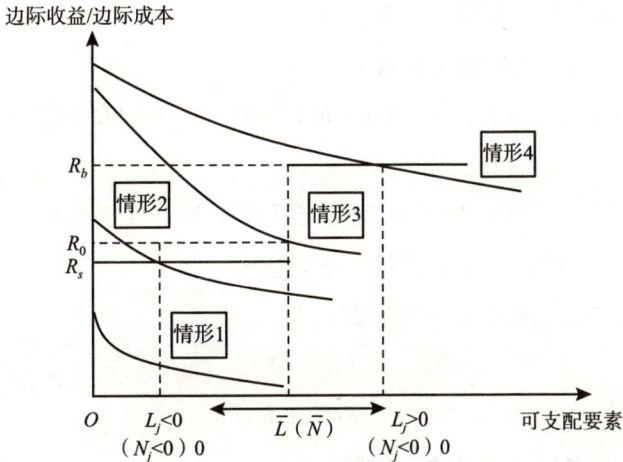

图 3 – 1 农户的要素配置结构

为了分析的简便，假设固定交易成本是一个定值，可变交易成本是交易规模的一个函数。以农户农地交易为例，农户租入单位面积土地的总成本，记为 R_b，它等于租赁价格加上可变交易成本。由此可以得到如下判断：如果农户预期的农地边际产出大于 R_b，那么农户会租入土地（$L_j > 0$），如图 3 – 1 中的情形 4 所示；从土地出租户的角度来看，记农地的单位面积净收益为 R_s，由于交易成本的存在，单位面积净收益为 $R_b - R_s$，且当边际收益/边际成本低于 R_b 时，农户将出租土地，如情形 1 所示；如果边际收益极端地低于某个水平，那么农户将租出全部土地，如情形 2 所示；情形 3 介于情形 2 和情形 4 之间，将选择不参与土地市场。交易成本对农户技术装备交易的影响与对农地交易的影响同理。

从图 3 – 1 及上述分析可以看出，如果能够通过制度创新，降低要素市场的交易成本，将极大地促进要素市场的效率和要素流动性，诱导农户参与要素市场交易。需要指出的是，虽然我们在理论上已经证明，可变交易成本的存在，相当于对参与要素市场的农户征收了一种特殊的"累进税"，因而会制约农户的要素市场参与行为，那么这种制约或调节作用的边界是什么？换言之，要素市场边际交易成本递增还是递减的，其调节系数取值范围是多少，需要进一步分析。

令农户的收入 y 的决定函数为：

$$y = pq(\bar{L} + L_j, \ \bar{N} + N_j) - R_0 L_j - FC^L(L_j) - VC^L(L_j) -$$
$$wL_j - FC^N(N_j) - VC^N(N_j) \tag{3.15}$$

对式（3.15）中 L_j 和 N_j 的固定交易成本和可变交易成本求一阶导数和二阶导数，可以得到如下的最优解表达式：

（1）固定交易成本的一阶导数：

$$FC^L_{L_j} = 0 \tag{3.16}$$

$$FC^N_{N_j} = 0 \tag{3.17}$$

（2）固定交易成本的二阶导数：

$$FC^L(L_j) = \begin{cases} FC^L > 0, & \text{if } L_j \neq 0 \\ FC^L = 0, & \text{if } L_j = 0 \end{cases} \tag{3.18}$$

$$FC^N(N_j) = \begin{cases} FC^N > 0, & \text{if } N_j \neq 0 \\ FC^N = 0, & \text{if } N_j = 0 \end{cases} \tag{3.19}$$

（3）可变交易成本的一阶导数：

$$VC^L_{L_j} = \begin{cases} VC^L_{L_j} > 0, & \text{if } L_j = L_b \\ VC^L_{L_j} < 0, & \text{if } L_j = -L_s < 0 \end{cases} \tag{3.20}$$

$$VC^N_{N_j} = \begin{cases} VC^N_{N_j} > 0, & \text{if } N_j = N_b \\ VC^N_{N_j} < 0, & \text{if } N_j = -N_s < 0 \end{cases} \tag{3.21}$$

（4）可变交易成本的二阶导数：

$$VC^L(L_j) = \begin{cases} VC^L > 0, & \text{if } L_j \neq 0 \\ VC^L = 0, & \text{if } L_j = 0 \end{cases} \tag{3.22}$$

$$VC^N(N_j) = \begin{cases} VC^N > 0, & \text{if } N_j \neq 0 \\ VC^N = 0, & \text{if } N_j = 0 \end{cases} \quad (3.23)$$

假定农户的效用是收入的一个函数，那么农户的效用最大化函数就可以表示为：

$$\max_{L_j, N_j} U = U\{pq(\overline{L} + L_j, \ \overline{N} + N_j) - R_0 L_j - FC^L[L_j] -$$
$$VC^L[L_j] - wN_j - FC^N[N_j] - VC^N[N_j]\} \quad (3.24)$$

式（3.24）中，U 是一个二次可微的、拟凹的效用函数，且其一阶导数小于零，二阶导数大于零。根据库恩—塔克定理，农地市场中效用最大化的库恩—塔克条件如下：

$$U_y[pq_L(\overline{L} + L_j, \ N) - R_0 - VC^L_{L_j}] \leq 0, \ \begin{cases} L_j > 0, & (j = b) \\ -\overline{L} \leq L_j < 0, & (j = s) \end{cases} \quad (3.25)$$

$$[U_y(pq_L(\overline{L} + L_j, \ N) - R_0 - VC^L_{L_j})] = 0, \ (L_j > 0, \ -\overline{L} < L_j < 0) \quad (3.26)$$

$$(\overline{L} + L_j)\{U_y[pq_L(\overline{L} + L_j, \ N)] - R_0 - VC^L_{L_j}\} = 0, \ (-\overline{L} \leq L_j < 0)$$
$$(3.27)$$

$$U_y[pq_L(0, \ N) - R_0 - VC^L_{L_j}] < 0, \ (L_j > 0, \ -\overline{L} = L_j) \quad (3.28)$$

$$U_y[pq_L(\overline{L}, \ N) - R^*] = 0, \ (L_j = 0) \quad (3.29)$$

$$R_s = (R_0 + VC^L_{L_j})\big|_{L_j < 0} < R^* < (R_0 + VC^L_{L_j})\big|_{L_j > 0} = R_b \quad (3.30)$$

技术市场效用最大化的库恩—塔克条件如下：

$$U_y[pq_N(L, \ \overline{N} + N_j) - w - VC^N_{N_j}] \leq 0, \ \begin{cases} N_j > 0, & (j = b) \\ -\overline{N} \leq N_j < 0, & (j = s) \end{cases} \quad (3.31)$$

$$U_y[pq_N(L, \ \overline{N} + N_j) - w - VC^N_{N_j}] = 0, \ (N_j > 0, \ -\overline{N} < N_j < 0) \quad (3.32)$$

$$(\overline{N} + N_j)\{U_y[pq_L(L, \ \overline{N} + N_j)] - w - VC^N_{N_j}\} = 0, \ (-\overline{N} \leq N_j < 0)$$
$$(3.33)$$

$$U_y[pq_N(L, \ 0) - w - VC^N_{N_j}] < 0, \ (N_j > 0, \ -\overline{N} = N_j) \quad (3.34)$$

$$U_y[pq_N(L, \ \overline{N}) - w_0] = 0, \ (N_j = 0) \quad (3.35)$$

$$w_s = (w + VC^N_{N_j})\big|_{N_j < 0} < w_0 < (R_0 + VC^N_{N_j})\big|_{N_j > 0} = w_b \quad (3.36)$$

式（3.18）～式（3.23）表明，固定交易成本不随要素交易规模的变化而变化，可变交易成本则与要素交易规模的变化密切相关。为了分析的简便，我们暂时忽略技术市场的交易成本，将式（3.15）简化为以下的形式：

$$y = pq(\overline{L} + L_j, \ \overline{N} + N_j) - R_0 L_j - FC^L(L_j) - VC^L(L_j) - wN_j \qquad (3.37)$$

对式（3.37）中求 L_j 可变交易成本的二阶导数，根据 $VC_{L_j L_j}$ 的取值可以在理论上判断出可变交易成本的变化规律。

推论1：如果 $VC_{L_j L_j} = 0$，可变交易成本具有简单的线性性质。

推论2：如果 $VC_{L_j L_j} > 0$，边际可变交易成本具有递增性。

推论3：如果 $VC_{L_j L_j} < 0$，边际可变交易成本具有递减性。

运用库恩—塔克定理，求解式（3.36）的最大化问题，可以得到其角点解如下：

$$\frac{\partial y}{\partial L_j} = pq_L - R_0 - VC_{L_j} \leqslant 0 \qquad (3.38)$$

$$L_j \geqslant 0 \qquad (3.39)$$

$$(pq_L - R_0 - VC_{L_j})L_j = 0 \qquad (3.40)$$

$$\frac{\partial y}{\partial N} = pq_N - w \qquad (3.41)$$

式（3.37）的海塞矩阵如下：

$$\begin{pmatrix} pq_{LL} - V_{L_j L_j} & pq_{LN} \\ pq_{NL} & pq_{NN} \end{pmatrix} \begin{pmatrix} \mathrm{d}L_j \\ \mathrm{d}N \end{pmatrix} = \begin{pmatrix} -q_L & 0 & -pq_{LL} & 1 \\ -q_N & 1 & -pq_{NL} & 0 \end{pmatrix} \begin{pmatrix} \mathrm{d}p \\ \mathrm{d}w \\ \mathrm{d}\overline{L} \\ \mathrm{d}R_0 \end{pmatrix} \qquad (3.42)$$

进一步的比较静态分析可得到各因子之间的相互关系：

$$\frac{\mathrm{d}L_j}{\mathrm{d}w} = |H|^{-1}(-(pq_{NL})^2) < 0 \qquad (3.43)$$

$$\frac{\mathrm{d}L_j}{\mathrm{d}R_0} = |H|^{-1}(pq_{NN}) < 0 \qquad (3.44)$$

$$\frac{\mathrm{d}L_j}{\mathrm{d}p} = |H|^{-1}(-pq_Lq_{NN} + pq_Nq_{LN}) > 0 \qquad (3.45)$$

$$\frac{\mathrm{d}L_j}{\mathrm{d}\overline{L}} = |H|^{-1}(-pq_{LL}q_{NN} + pq_Nq_{LN^2}) < 0 \qquad (3.46)$$

且有，如果式（3.37）的海塞矩阵为正，那么

$$\frac{\mathrm{d}L_j}{\mathrm{d}\overline{L}} = \frac{-pq_{LL}q_{NN} + pq_Nq_{LN^2}}{(pq_{LL} - VC_{L_jL_j})q_{NN} - pq_{NL^2}} \qquad (3.47)$$

式（3.47）表明，如果可变交易成本为线性形式（$VC_{L_jL_j} = 0$），那么 $\frac{\mathrm{d}L_j}{\mathrm{d}\overline{L}} = -1$；如果可变交易成本为边际递增（$VC_{L_jL_j} > 0$），那么 $\frac{\mathrm{d}L_j}{\mathrm{d}\overline{L}} > -1$；如果可变交易成本为边际递减（$VC_{L_jL_j} < 0$），那么 $\frac{\mathrm{d}L_j}{\mathrm{d}\overline{L}} < -1$。

综合上述分析，我们可以凝练出要素市场交易成本不为零条件下的总体研究命题：要素市场的交易成本具有类似于对参与要素市场的农户征收了隐性的"累进税"，制约了农户的要素市场参与行为，降低了要素的配置效率。活跃的要素市场对于分摊由于资产专用性导致的固定交易成本，转移资产专用性风险有重要意义。

这两个理论假设以及其背后的经济学逻辑是否与现实一致，以及是否可以用于解释和预测经济现象，是实证分析的重点内容。在随后的第 4 章和第 5 章，我们分别以农户的农地流转和新技术采纳行为为例，对上述两个研究假设的内涵和外延做了进一步的阐述，同时基于微观调查数据和多元回归分析方法进行实证检验。

3.4　交易成本对农户产品市场行为的影响机理

与第 3.3 节类似，本节的主要目的为了阐明交易成本对农户产品市场参与的影响机理，构建起一个具有一般意义的理论分析基础。首先，我们

可以假定农户的产品市场参与是一种效用最大化的决策行为，主要的决策内容是对于任意农产品 i，基于 x_i 单位的要素约束，决定相应的生产数量 q_i、消费数量 c_i、市场销售数量 m_i（$m_i > 0$ 表示农户在市场上出售农产品；$m_i < 0$ 表示农户在市场上购买农产品）。如果不考虑交易成本，那么农户的效用最大化问题就是：

$$\max u = u(c; z_u) \tag{3.48}$$

相应的约束条件是：

$$\sum_{i=1}^{N} p_i^m m_i + T = 0 \tag{3.49}$$

$$c_i, \ q_i, \ x_i \geqslant 0 \tag{3.50}$$

$$G(q, x; z_q) = 0 \tag{3.51}$$

$$q_i - x_i + A_i - m_i - c_i = 0, \ i = 1, \ \cdots, \ N \tag{3.52}$$

式（3.48）~式（3.52）中，p_i^m 是农产品 i 的市场价格，A_i 是生产农产品 i 的存量，T 表示农户的转移性支付和其他收入，z_u 和 z_q 分别表示对农户效用和生产过程的外部冲击，G 表示农户的生产技术。式（3.49）的经济学意义是农户的消费不应超过农户的销售收入和转移性支付收入之和；式（3.50）的经济学含义是 N 种产品中的任意一种产品，其使用和消费的数量等于农户生产、购买再加上存量的和。

在真实世界中，由于运输成本、营销成本等构成的可变交易成本的存在，导致生产者价格和消费者支付价格二者之间存在一个差值。如果以用 vc 来表示产品市场的可变交易成本，那么农户的现金流约束就可以写成：

$$\sum_{i=1}^{N} \left[(p_i^m - vc_i^s(z^s)) \delta_i^s + (p_i^m + vc_i^b(z^b)) \delta_i^b \right] m_i + T = 0 \tag{3.53}$$

式（3.53）中，如果 $m_i > 0$，那么 $\delta_i^s = 1$，否则 $\delta_i^s = 0$；如果 $m_i < 0$，那么 $\delta_i^b = 1$，否则 $\delta_i^b = 0$。由于可变交易成本 vc_i^s 的存在，导致卖方获得的价格低于市场价格 p_i^m，而卖方支付的价格高于市场价格 p_i^m。相应的可变交易成本 vc_i^s 可以视为一系列外生变量 z^s 和 z^b 的函数。

除此之外，现实经济活动中为了达成交易还要付成一定的固定交易成本 fc，固定交易成本不随交易规模的变化而变化。综合考虑产品市场的可变交易成本和固定交易成本，农户的现金流约束需要扩展成如下的形式：

$$\sum_{i=1}^{N} \left[\left(p_i^m - vc_i^s(z^s) \right) \delta_i^s + \left(p_i^m + vc_i^b(z^b) \right) \delta_i^b \right] m_i -$$
$$fc_i^s(z^s) \delta_i^s - fc_i^b(z^b) \delta_i^b + T = 0 \qquad (3.54)$$

式（3.54）表明，当农户销售产品 i，需支付 fc_i^s 水平的固定交易成本；当农户购买产品 i 时，需要支付 fc_i^b 水平的固定交易成本。进一步的农户效用最大化问题由式（3.48）~式（3.52）和式（3.54）组成。

为了求解农户的效用最大化，定义拉格朗日函数如下：

$$L = u(c; z_u) + \sum_{i=1}^{N} \mu_i (q_i - x_i + A_i - m_i - c_i) + \varphi G(q, x; z_q) +$$
$$\lambda \left[\sum_{i=1}^{N} \left[\left(p_i^m - vc_i^s(z^s) \right) \delta_i^s + \left(p_i^m + vc_i^b(z^b) \right) \delta_i^b \right] m_i - \right.$$
$$\left. fc_i^s(z^s) \delta_i^s - fc_i^b(z^b) \delta_i^b + T \right] \qquad (3.55)$$

式（3.55）中，μ_i、φ 和 λ 分别是平衡性约束、技术约束和现金流约束对应的拉格朗日乘子。

首先，对式（3.55）中的各因子求偏导数，获得一阶条件：

$$\frac{\partial u}{\partial c_i} - \mu_i = 0, \ i \in \{ i \,|\, c_i > 0 \} \qquad (3.56)$$

$$\mu_i + \varphi \frac{\partial G}{\partial q_i} = 0, \ i \in \{ i \,|\, q_i > 0 \} \qquad (3.57)$$

$$-\mu_i + \varphi \frac{\partial G}{\partial x_i} = 0, \ i \in \{ i \,|\, x_i > 0 \} \qquad (3.58)$$

$$-\mu_i + \lambda \left\{ p_i^m - vc_i^s(z^s) \delta_i^s + \left[p_i^m + vc_i^b(z^b) \right] \delta_i^b \right\} = 0, \ i \in \{ i \,|\, m_i \neq 0 \}$$
$$(3.59)$$

定义农户的心理决策价格为 p_i，那么农户的决策临界条件如下：

如果 $m_i > 0$，那么农户作为农产品的供给者参与市场，$p_i = p_i^m - vc_i^s$；

如果 $m_i < 0$，那么农户作为农产品的消费者参与市场，$p_i = p_i^m + vc_i^b$；如果 $m_i = 0$，那么农户不会参与产品市场，选择自给自足，$p_i = \tilde{p}_i = \dfrac{\mu_i}{\lambda}$。如果农户和不参与市场，那么 p_i 就是一个不可观测的影子价格 $\dfrac{\mu_i}{\lambda}$。

进一步地，定义农户的农产品供给函数为：

$$q^s = q(p^m - vc^s, \ z_q) \tag{3.60}$$

式（3.59）表明，固定交易成本并不能影响农户的农产品供给曲线，而可变交易成本则导致农户的供给曲线向上移动。再进一步结合前文中农户的不同市场参与决策情形，可以进一步得出考虑交易成本的各种供给曲线：在市场价格低于 $\tilde{p}_i - vc^b$ 的水平，产品购买者的供给曲线为 q^b；在市场价格高于 $\tilde{p}_i + vc^s$ 的水平，产品供给者的供给曲线为 q^s；自给自足的农户介于二者之间，供给曲线为 q^a，分别对应图 3 - 2 中的 $|AB_0|$、$|B_0C_0|$、$|C_0D|$。交易成本对农户的供给曲线影响机理如图 3 - 2 所示。

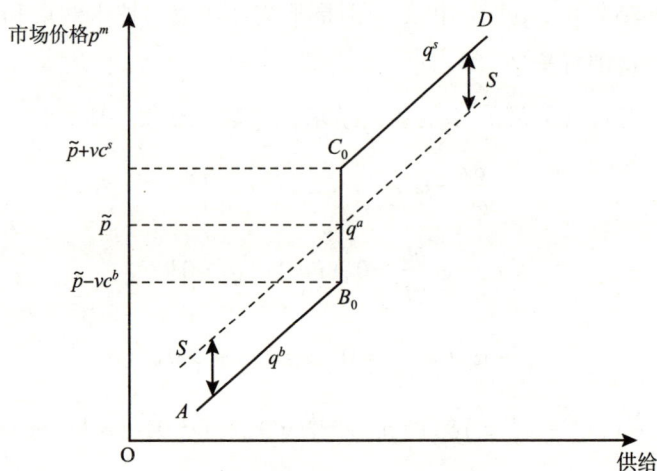

图 3 - 2　交易成本对农户供给曲线的影响机理

3.5　本章小结

　　由于农户在要素市场和产品市场分别作为要素产品的购买者和农产品的生产者和销售者出现，所付出的交易成本在性质上和总量上也有明显差别，更重要的是，交易成本的存在破坏了经典农户模型的对偶性。因此，本章综合新制度经济学、新古典经济学和农业经济学的相关理论，构建了在交易成本不为零条件下的要素市场农户资源配置模型和产品市场农户市场参与模型，进行比较静态分析。分析表明，农户是否进行专业化生产，取决于农户的交易效率，即交易成本系数的高低，而专业化生产的内容则取决于农产品之间的比较收益。

　　要素市场的交易成本具有类似于对参与要素市场的农户征收了隐性的"累进税"，制约了农户的参与行为，降低了要素的配置效率，而活跃的要素市场对于分摊由于资产专用性导致的固定交易成本，转移资产专用性风险有重要意义。在产品市场上，固定交易成本和可变交易成本直接影响农户的收入，导致农户的效用曲线向左移动。同时，如果农户出售农产品获得的生产者剩余完全补偿为参与市场付出的可变交易成本时，农户将成为农产品的出售者；如果农户购买农产品获得的消费者剩余大于为参与市场付出的可变交易成本，农户将成为农产品的购买者。概括而言，农户将根据预期参与市场（出售或购买）获得的市场剩余（生产者剩余或消费者剩余）对其参与市场预计付出的可变交易成本的补偿程度，相机抉择成为农产品市场中的供给者、购买者，或自给自足。

第4章 专业化农户农地流转
市场行为分析

由第3章的分析可知，农户在要素市场和产品市场分别以购买者和销售者两个不同的角色出现，尤其需要注意的是，农户对于不同要素拥有不同的产权强度和禀赋效应，例如，农户对农地具有承包权、经营权和收益权，可以将农地转租、转包、置换，但所有权归集体所有，而对机械、化学投入品等要素又具有完全产权。因而分析交易成本对农户要素配置行为的影响，应采用分类研究的思路，归纳农户对不同产权强度要素的配置行为规律。基于此，本章以第2章和第3章的理论分析为基础，以农地这一农户最重要的要素为案例，研究农户的农地流转行为及其流转后的福利效应，实证检验"要素市场的交易成本具有类似于对参与要素市场的农户征收了隐性的'累进税'，制约了农户的参与行为，降低了要素的配置效率，而活跃的要素市场对于分摊由于资产专用性导致的固定交易成本，转移资产专用性风险有重要意义"的总体假设。

4.1 农地流转的现实背景

土地问题是中国改革、建设和发展的关键问题（天则经济研究所，2007）。农村改革以来，随着城乡经济交融、农村劳动力大规模转移和农户快速分化，现行农地产权制度安排导致普遍的农地经营细碎化、兼业化、粗放化乃至撂荒化，规模不经济性和不适应性问题愈加突出，成为新时期中央深化农村改革、优化农村产权关系、建设现代农业的重点领域。以此为背景，中央更加重视以明晰农地产权关系为基础，以发挥市场在农业资源配置中的决定性作用为政策导向，以发展中国特色现代农业为目标，引导农村土地有序流转，发展适度规模经营，支持构建新型农业经营体系。党的十八届三中全会强调，"坚持家庭经营在农业中的基础性地位，坚持农村土地集体所有权、稳定农村土地承包关系并保持长久不变，在此基础上，加快构建新型农村经营体系"。2014 年中央一号文件也突出强调，"鼓励有条件的农户流转承包土地的经营权，加快健全土地经营权流转市场，发展多种形式的规模经营"。在地方，山东、浙江、江苏等省份也相继出台政策支持农地流转，发展专业化和规模化农业。

学术界对上述问题达成了一个基本共识，只有发展规模化农业经营体系，才能从根本上突破当前中国农业面临的困局。但关于如何实现规模经营，发展具有竞争力的中国农业产业体系，却存在分歧明显的观点和政策主张。其中的主流观点是，为保障中国特色的制度优势和改革目标，无论改革的制度安排与制度环境如何变化，现实中涌现出的创新与实验模式，均不能突破我国农村基本经营制度的制度内核和制度底线（黄宗智，2010）。必须始终坚持农村土地集体所有制，坚持稳定土地承包关系并保障农户合法的土地承包权，坚持家庭经营的基础性地位，坚持严格保护耕地并强化农地用途管制。在此基础上，建立产权清晰、流转顺畅、依法监管的农地市场制度体系。

另一种较重要的观点则主张实行彻底的土地产权制度，依赖市场机制进行资源配置，激励具有企业家精神和创新意识的农民获得更多发展机会，走类似西方先进国家的现代农业发展模式。

由此可见，引导农地向以家庭农场为主的新型经营主体流转，发展以家庭成员为主要劳动力，以农业为主要收入来源，以及从事专业化、集约化生产的专业化农户，提高家庭经营的集约化、规模化，成为学术界的主流观点和必然的政策选择。但截至目前，现实中的农地流转发生率严重滞后于农村劳动力转移，更重要的是，发育滞后的农地流转市场机制在诱导扩大农业经营规模过程中，既未发挥实质性影响，也不具有全局性和长期性的作用（罗必良和李玉勤，2014）。那么，一个有待于回答的重要问题是，什么原因导致理论、政策导向上农地流转的必然性、迫切性与现实中农地流转的滞后性之间的差异？

4.2 农地流转的概念、形式与制约因素

土地权流转和土地收益问题，是土地问题的焦点，也是未来中国改革的最大难题之一，因为该问题涉及财富的分配和农民的核心权益（黄英伟，2015）。因而，在近年来推进农地流转及农户经营专业化、规模化过程中，学术界对制约农地流转的制度因素、农地流转的收益等问题给予了高度关注，形成了一些新的答案。

农地流转特指当前我国农村农地承包者双方遵照平等、自愿的原则，将原先从集体组织所获得农地经营权转让的行为，不包括因国家或地方政府建设所需以及政府为了某种公共利益而强行征用农户承包地的行为（李孔岳，2009）。在流转形式上，可以分为转包、出租、互换、转让及入股等形式①。在产权安排上，具有明显的"所有权、承包权、经营权"三权分置特点，不仅影响了农户的长期投资意愿（Besley，1995；Fearnside，2001；Li et al.，1998；Brandt et al.，2002），也会显著提高农地流转的交易成本和不确定性，限制农村土地租赁市场自身发展和对农地资源的配置功能（金松青等，2004）。根据威廉姆森范式，农地专用性资产强度和交易的不确定性会显著地增加农地流转的交易成本（罗必良等，2010；吴

———————

① 具体可参见2014年11月20日中共中央办公厅、国务院办公厅印发的《关于引导农村土地经营权有序流转发展农业适度规模经营的意见》。

晨, 2011), 降低农地流转的交易效率, 进而制约农地流转的交易半径、交易范围和交易规模 (Hoken, 2012)。

理论上, 如果一个经济中要素市场是完全的, 那么农户的农地禀赋对其经营效率和群体内收入差距没有影响 (Feder, 1985; Bardhan and Udry, 1999)。但是, 不完全的要素市场在发展中国家更为常见 (de Janvry et al., 1991)。劳动力市场上广泛存在的委托—代理成本和监督成本导致农户更多地使用家庭内部劳动力而非雇佣劳动力 (Eswaran and Kotwol, 1985; Binswanger and Rosenzweig, 1986)。在劳动力和其他要素市场失灵的条件下, 农地租赁市场使农户可以在劳动和其他生产性资产约束下, 充分利用其生产能力和家庭剩余劳动力, 农地租赁市场有助于提高参与农户的效率和收入平等性 (Jin and Jayne, 2013)。

进一步地, 如果考虑农地流转市场的交易成本和信贷市场的不完全性, 上述结论并不一定会成立。如果信贷市场存在明显的金融压抑, 那么农户的农地可获得性主要由其健康状况和初始土地禀赋决定 (Deininger and Jin, 2008)。在特定条件下, 农地也可能由农地资源匮乏的农户流向农地资源充裕的农户。换言之, 某些经济中存在农地流转市场排斥, 将加速农地的集中和兼并, 例如, 针对非洲地区的卢旺达、布基纳法索和南亚地区的印度相关研究, 就证实了这一结论 (Andre and Platteau, 1998; Zimmerman and Carter, 1999; Kranton and Swamy, 1999)。来自埃塞俄比亚、卢旺达、马拉维的实证研究均表明农地租赁市场有助于均等化农户的土地/劳动比率和群体间的收入水平 (Pender and Fafchamps, 2006; Migot - Adholla et al., 1994; Andre and Platteau, 1998; Holden, Kaarhus and Lunduka, 2006)。

农地流转市场的交易成本也引发了广泛的关注 (Alston, Datta and Nugent, 1984; Otsuka and Hayami, 1998)。农地流转市场的交易成本源于农地流转双方的信息不对称和机会主义行为 (Otsuka and Hayami, 1988), 主要包括谈判成本、搜寻农地流转对象的成本和合约的执行成本 (Carter and Yao, 2002)。在农地产权不明确、产权保护机制不健全的经济中, 交易成本尤其居高不下（Vranken and Swinnen，2006；Macours and de Jan-vry，2010），农地流转受到了限制。针对发展中国家的实证研究表明，农地流转市场的交易成本会阻碍农户的参与（Deininger and Jin，2005；侯建昀和霍学喜，2015），因而也无法实现最优的经营规模（Skoufias，1995；Teklu and Lemi，2004；Tikabo et al.，2008）。

农地流转行为的特征、类型还与地区经济发展水平紧密相关。在经济欠发达地区，农户经济收入对农地具有高度依赖性，加之易受农业宏观经济形势的影响，农民收入会出现持续徘徊或下降，最终导致农地流转行为的萎缩，而在经济发达地区，情形则正好相反（史清华等，2002）。与农地流转市场发展路径相一致，相应的农地政策也大致经历了自发实施、试验探索和规范发展三个阶段（天则经济研究所，2010）。

从制约农户农地流转的制度因素来看，可以归纳为以下几个方面：一是劳动力向非农市场转移产生的推动力（石敏等，2014；游和远等，2013）；二是产权强度、产权稳定性、交易费用等制度层次的阻力（钟文晶等，2013；胡新艳等，2013；罗必良等，2012；周其仁，1995；姚洋，1998）；三是农户转出农地的供给障碍（刘克春，2008；钱忠好，2003）。

随着农地流入，农户农地经营规模进一步扩大，经营风险性质可能会发生改变，增加监督和管理成本，因而，众多学者对农地租赁行为及其对生产效率的影响给予高度关注（陈和午和聂斌，2006；Hayami and Otsuka，1993；Sadoulet et al.，2001；Holden and Yohanes，2002；Benjamin and Brandt，2000；李谷成等，2009；钟甫宁等，2009）。关于农地流转的收益和福利效应方面的研究，有学者从农地资源持续利用（俞海等，2003）、农村劳动力流动、农地使用权市场发育（田传浩和贾生华，2004）、农户收入不平等（许庆等，2008）、农户福利效果（李庆海等，2011；Jin and Deininger，2009）等进行评价。

总之，农地流转和专业化经营是发展现代农业的必由之路，有利于优化土地资源配置和推动生产力生产率提高，同时保障主要农产品供给，促进农民增收。日本、法国、荷兰等国家的经验也证明，农户由兼业化到专业化、小规模到规模化是一个必然的趋势，而农地有序流转在此过程中发挥了关键性作用。

4.3 农户参与农地流转的经济学逻辑

姚洋（1999，2000）的研究表明，在城乡二元分割的背景下，农村劳动力的非农就业机会（L_w）受到了限制，因而有 $\overline{L}_w^0 \geqslant L_w$。进一步地，考虑一个农户的效用函数 $U = U(y, l)$，y 和 l 分别表示农户收入和闲暇，其中农户的收入 y 主要来自农业经营、非农收入和农地租赁三个方面；效用函数满足 $U_y > 0$，$U_l > 0$ 且 U 是对 y 和 l 的严格凹函数。

对于农户而言，需要在给定生产能力 α 和工资水平 w 的条件下，将家庭劳动力配置于自有土地 L_A 以及非农就业 L_w。与此同时，在农地流转（流入或流出）过程中，租入（出）者需要搜寻土地流转对象和流转价格、与潜在交易对象进行谈判并监督交易的执行，因而需要付出交易成本 TC。因而，土地流出方的单位土地流转收益可以表达为 $r - TC_{out}$，r 是土地租赁比例。相应地，土地流入方的单位土地流转收益可以表达为 $r + TC_{in}$。在此基础上，我们可以写出农户的农地流转模型：

目标函数：

$$\max U = U(y, l) \tag{4.1}$$

约束条件：

$$T_A = \overline{T} + T_2 - T_1 \tag{4.2}$$

$$\overline{L} = L_A + L_w + l \tag{4.3}$$

$$\overline{L}_w^0 \geqslant L_w \tag{4.4}$$

$$y = p\alpha Q(L_A, T_A) + I_{out}(r - TC_{out})T_1 - I_{in}(r + TC_{in})T_2 + wL_w \tag{4.5}$$

模型中，p 表示农产品价格，Q 表示以土地投入 T_A 和劳动投入 L_A 为

交易成本视角下专业化农户市场行为研究

主要投入要素的生产函数；$\overline{L}$ 和 $\overline{T}$ 为相应的劳动和土地禀赋；而 T_1 表示流转出的土地数量，T_2 表示流入的土地数量；I_{out} 表示土地流出的虚拟变量（1＝是；0＝否），I_{in} 表示土地流入的虚拟变量（1＝是；0＝否），这两个变量也是本章研究的重点。在完全市场下，农地流转行为的唯一决定因素就是农地流转费用。但是作为一个转型与发展中的经济体，农地产权制度安排存在缺陷的背景下，农地流转需要克服较高的交易成本，正如式（4.2）所示。那么，农地流转行为的一阶条件可以表达为：

T_1（流出：$I_{out}=1$ 且 $I_{in}=0$）：

$$T_1 \times \left[-p\alpha Q'_{T_A} + (r - TC_{out}) \right] = 0 \quad\quad (4.6)$$

$$-p\alpha Q'_{T_A} + (r - TC_{out}) \leqslant 0 \quad\quad (4.7)$$

结合式（4.6）和式（4.7）可得：

（1）如果 $p\alpha Q'_{T_A} = r - TC_{out}$ 那么 $T_1 > 0$。

（2）如果 $p\alpha Q'_{T_A} > r - TC_{out}$，那么 $T_1 = 0$。

T_2（流入：$I_{in}=1$ 且 $I_{out}=1$）：

$$T_2 \times \left[p\alpha Q'_{T_A} - (r + TC_{in}) \right] = 0 \quad\quad (4.8)$$

$$p\alpha Q'_{T_A} - (r + TC_{in}) \leqslant 0 \quad\quad (4.9)$$

结合式（4.8）和式（4.9）可得：

（3）如果 $p\alpha Q'_{T_A} = r + TC_{in}$，那么 $T_2 > 0$，if $p\alpha Q'_{T_A} = r + TC_{in}$。

（4）如果 $p\alpha Q'_{T_A} < r + TC_{in}$，那么 $T_2 = 0$。

根据上述条件，可以提出假设：

H1：专业化农户参与农地流转的决策主要取决于土地的边际产出及相应的土地价格和交易成本。

此外，由于交易成本的存在，相当一部分本应进入租赁市场的农户不得不依赖于原有的农地禀赋进行生产，既不流出土地，也不流入土地。对于这类农户，他们的决策条件为：

$$(r - TC_{out}) < p\alpha Q'_{T_A} < (r + TC_{in}) \quad\quad (4.10)$$

将不等式两边同除以 pQ'_{T_A}，得到农户生产能力的两个边界点 $\alpha_d =$

$\dfrac{r-TC_{out}}{pQ'_{T_A}}$ 和 $\alpha_u = \dfrac{r+TC_{in}}{pQ'_{T_A}}$，那么就有

$$\alpha \in \left[\,\alpha_d,\ \alpha_u\,\right] \qquad\qquad (4.11)$$

对于任意农户，如果 $T_2 > 0$，农户将从其他农户租入土地，且其生产能力 α_i 越高于 α_u，租入的土地数量越大；如果 $\alpha_i > \alpha_d$，那么该家庭将会继续出租土地。

根据式（4.10）~式（4.11），可以得到以下假设：

H2：交易成本在农地流转过程中起到了"制动器"的作用。随着交易成本的上升，农户生产能力的上限和下限向左移动，减少参与农地流转的规模。

H3：农户生产能力对农地流转行为及流转规模有显著影响，生产能力越强，农户租入的土地规模越大。

4.4　苹果主产区农地流转市场的基本特点

苹果专业化生产对于发挥区域比较优势，增强农业竞争力具有重要意义。在中观产业层次，决策部门相继出台了各类农产品优势区域布局规划，旨在引导苹果生产向优势区集中，形成产业的集聚效应和规模效应；在微观组织层次，则注重微观经营组织的规模化和专业化建设，形成专业化农户规模化生产的新型经营格局。在这一过程中，农地流转市场的功能和角色至关重要。特别是在坚持现行农地产权制度安排的前提下，发挥农地流转市场的要素再配置功能，提高专业化苹果种植户的生产效率和收入水平，被视为可行的政策选择。对样本农户的农地流转行为特征统计如表4-1所示，调查数据表明四个样本省份的主要统计指标在分布结构上较为一致，且具有以下几个特点。

交易成本视角下专业化农户市场行为研究

表4-1　农地流转情况统计

统计指标		样本总体 (N=1079)		山东省 (N=359)		甘肃省 (N=271)		陕西省 (N=358)		河南省 (N=91)	
		频数	比重	频数	比重	频数	比重	频数	比重	频数	比重
未参与流转农户		851	78.87	299	83.29	189	69.74	299	83.52	64	71.11
参与流转农户	合计	228	21.13	60	16.71	82	30.26	59	16.48	27	30.00
	转入土地农户	190	17.61	52	14.48	58	21.50	56	15.64	24	26.67
	转出土地农户	25	2.32	6	1.67	13	4.80	3	0.84	3	3.33
农地租赁范围	本村民小组	148	64.91	38	63.33	53	64.63	32	54.24	25	92.59
	本行政村	43	18.86	16	26.67	5	6.10	20	33.90	2	7.41
	本乡镇	26	11.40	6	10.00	15	18.29	5	8.47	0	0.00
	本乡镇以外	8	3.51	0	0.00	6	7.32	2	3.39	0	0.00
	其他	3	1.32	0	0.00	3	3.66	0	0.00	0	0.00
农地流转对象	亲戚	47	20.61	17	28.33	9	10.98	12	20.34	9	33.33
	朋友/熟人	33	14.47	8	13.33	18	21.95	5	8.47	2	7.41
	一般农户	85	37.28	13	21.67	40	48.78	22	37.29	10	37.04
	工商企业	6	2.63	1	1.67	5	6.10	0	0.00	0	0.00
	村集体	57	25.00	21	35.00	10	12.20	20	33.90	6	22.22
农地流转的组织者	自发进行	189	82.89	50	83.33	65	79.27	50	84.75	24	88.89
	政府推动	38	16.67	9	15.00	17	20.73	9	15.25	3	11.11
	合作社推动	1	0.44	1	1.67	0	0.00	0	0.00	0	0.00

续表

统计指标		样本总体 (N=1079)		山东省 (N=359)		甘肃省 (N=271)		陕西省 (N=358)		河南省 (N=91)	
		频数	比重	频数	比重	频数	比重	频数	比重	频数	比重
农地流转 契约形式	口头协议	73	32.02	20	33.33	28	34.15	9	15.25	16	59.26
	书面合同	154	67.54	40	66.67	53	64.63	50	84.75	11	40.74
	第三方证明	1	0.44	0	0.00	1	1.22	0	0.00	0	0.00
租金形式	没有租金	17	7.46	4	6.67	7	8.54	5	8.47	1	3.70
	实物	9	3.95	1	1.67	7	8.54	1	1.69	0	0.00
	固定租金 现金	200	87.72	55	91.67	66	80.49	53	89.83	26	96.30
	混合租金	2	0.88	0	0.00	2	2.44	0	0.00	0	0.00
农地流转 合约期限	1~5年	28	12.28	7	11.67	5	6.10	14	23.73	2	7.41
	5~20年	129	56.58	25	41.67	60	73.17	29	49.15	15	55.56
	20年以上	71	31.14	28	46.67	17	20.73	16	27.12	10	37.04
农地转入 前土地 用途	种植粮食	74	38.95	19	36.54	19	32.76	21	35.59	4	16.67
	种植水果	122	44.21	31	59.62	39	67.24	33	55.93	19	79.17
	种植大棚	3	1.58	2	3.85	0	0.00	1	1.69	0	0.00
	其他	29	15.26	8	15.38	0	0.00	4	6.78	4	16.67
农地转入后 土地用途	种植粮食	13	6.84	1	1.92	8	13.79	4	6.78	0	0.00
	种植水果	177	93.16	51	98.08	50	86.21	52	88.14	24	100.00

4.4.1 农地流转比例

苹果主产区的专业化农户农地流转比例达到了 21.13%，其中甘肃省参与农地流转市场的比例为 30.26%，河南省的农地流转参与率为 30.00%，陕西和山东地区的样本农户比例低于总样本的平均水平，分别为 16.48% 和 16.71%。在调研的总样本中，农地流入户的比例为 17.61%，远高于农地流出户 2.32% 的比例，既流入土地又流出土地的农户的比例仅为 1.20%，这类农户的主要动机是通过"撤换并地"的方式，对分散的小块地进行整合，形成较大的地块经营规模。

4.4.2 农地流转的发生范围

就农地流转的对象而言，流转对象是"亲戚""朋友和（或）熟人"和"一般农户"的比例分别为 20.61%、14.47% 和 37.28%。从租赁范围来看，农地流转主要发生在本村民小组和本行政村，二者合计占流转农户总样本的 83.77%。这说明基于亲缘、地缘关系的非人格化交易特征明显，村域内部的农户对彼此之间的信任、声誉和土地状况更加了解，信息对称性较强，更加容易达成交易。由于农地的流入方和流出方为了完成交易，需要付出搜寻、谈判和执行三个类型的交易成本，随着农地流转交易半径和交易范围的扩展，信息不对称性会显著增强，相应的交易成本和风险会成为制约农地流转规模的重要因素。

农户自发进行农地流转的比例为 82.89%，由村委会或乡镇政府推动的比例为 16.67%，由合作社等农民自组织推动的比例为 0.44%，这表明外部力量对农地流转交易的干预仍有相当比例，此举将增加土地流转的交易成本，阻碍了土地流转（交易）的发生。

4.4.3　农地流转的契约稳定性

参与农地流转的样本农户中，流转期限在 5 年以下的占 12.28%，5 ~ 20 年的占 56.58%，20 年以上的占 31.14%。农地流转的合约形式以口头协议和书面合同为主，其中书面合同占绝对比例，二者的比例分别为 32.02% 和 67.54%。这两组数据表明，大部分参与农地流转的农户，通过书面合同的形式将农地租赁关系确定下来，形成长期的稳定的契约关系，这有助于促进租入农户对农地的长期投资。从经济学角度看，地权不稳定来自三个方面：土地权力束不充分或缺乏关键性权利、土地持有期限较短以及地权和土地持有期限不确定，而农地承包权的流转合约周期将决定转入户的土地持有期限。换言之，合约周期越长，意味着承包经营权的稳定性越好；相反，合约周期越短，农户对土地持有期限也越短，相应承包经营权的稳定性越差，纠纷发生的概率也更高。

4.4.4　农地流转的租金形式

一般地，农业经济学家将农地租金分为固定租金、分成租金和赠予三种形式。本次调研结果显示，样本区农户的租金形式只有固定租金和赠予两种。这主要是因为，分成租金需要耗散较高的监督成本和执行成本，因而在现代经济中较为少见。从调查结果来看，固定租金的支付形式以现金为主，占参与农地流转农户的比例达 87.72%，实物租金以及实物和现金混合支付的比例较低，占比为 4.83%，没有租金（赠予）的流转比例为 7.46%。

4.4.5　农地流转前后的用途变化

调查数据显示，农地转入前，农地主要用于种植粮食和水果，二者合计占样本农户的比例达83.16%；农地转入后，则主要用于种植水果，种植粮食的比例由转入前的38.95%下降到6.84%，这主要是因为种植水果的收益远高于种植粮食作物。客观上，农地流转促进了区域专业化和农户专业化以及"非粮化"的趋势。

此外，我们在田野调查中发现，行政干预提高了农地流转的不确定性。承包经营权流转的重要原则之一是尊重农民的自身意愿，但实践中，基层政府或村集体不尊重农民意愿而强行推行土地流转的案例仍然有相当的发生频率。部分地区的基层政府或村委会由于发展经济的需求、官员个人利益的驱动等，在乡村经济建设、农业结构调整、产业发展过程中，往往主动、强力介入，以各种借口、动用各种行政权力和手段，强行推动农地流转，提高了农地流转的不确定性。

农地流转过程中的合约纠纷应当引起重视。随着农地流转市场化程度提高，苹果主产区农地流转合约纠纷的发生概率已接近10%，这可能会威胁到农村社会稳定。从法经济学角度看，农地流转合约纠纷属于农户是否有效履行农地承包合同，流入方、流出方是否依法依规流转农地承包经营权，以及流入方、流出方是否恪守土地承包经营权流转合约方面，既属于利益冲突又源自政府规制虚化。但农地承包经营权流转引发的合约纠纷值得关注，因为这不仅启示着当前及未来深化农村农地产权制度安排和政策举措，而且影响未来农业生产专业化、经营规模化发展。

4.5　模型选择与变量设定

4.5.1　Heckman 模型的设定

由为验证前文的理论假设，本书参照 Heckman（1979）的研究，构造一个两阶段选择模型，进而将农户农地流转行为包含的两个维度"是否流转"（离散变量的二值选择问题）和"流转规模"（连续变量问题）纳入一个模型中进行实证分析。换言之，Heckman 模型将包含两个方程：一个为是否参与农地流转的水平方程，即

$$y_1 = \begin{cases} 1, & \text{if } y_1^* > 0 \\ 0, & \text{if } y_1^* \leq 0 \end{cases} \qquad (4.12)$$

其中，y_1 为观测到的是否参与的决策变量，y_1^* 为参与意愿变量，是一个隐性变量。

Heckman 模型的另一个方程是表征农地流转规模的结果方程，即

$$y_2 = \begin{cases} y_2^*, & \text{if } y_1 = 1 \\ \text{——}, & \text{if } y_1 = 0 \end{cases} \qquad (4.13)$$

其中，"——"表示数据缺失；y_2^* 是我们感兴趣的农地流转参与变量，由于样本选择的原因，它不是总能够被观测到。y_2 表示观测到的参与结果。对于 y_1^* 和 y_2^*，假定它们具有线性形式：

$$y_1^* = x_1 b_1 + \varepsilon_1 \qquad (4.14)$$

$$y_2^* = x_2 b_2 + \varepsilon_2 \qquad (4.15)$$

进一步考虑条件期望，可得

$$E(y_2 \mid y_1 = 1, \ x) = x_2' b_2 + \sigma_{12} \lambda (x_1' b_1) \qquad (4.16)$$

对于模型（4.16）的估计可以采用 Heckman 两步法，它比部分极大似然法的操作更加简便，而且对数据分布的假设也更弱。

4.5.2　变量设置与测度

根据前文理论分析部分提出的研究假设，影响农户农地流转的变量主要包括农地流转的交易成本、农户生产能力、农地边际收益等三类因素。此外，考虑到资产专用性（包括实物资产专用性、人力资本专用性、地理位置专用性）和社会经济风险也会对农户决策产生影响。因此，模型（4.16）的变量设定如表 4 - 2 所示。

表 4 - 2 变量设定与赋值

变量内涵			变量含义与赋值
被解释变量	是否流入农地		1 = 流入土地；0 = 未流入土地
	农地流转面积		流入土地面积，单位：亩
解释变量	搜寻成本	农地流转范围	1 = 本村民小组；2 = 本行政村；3 = 本乡镇；4 = 本乡镇以外；5 = 其他
		对方是否为亲戚	1 = 是；0 = 否
		对方是否为熟人	1 = 是；0 = 否
		对方是否为一般农户	1 = 是；0 = 否
	谈判成本	谈判时间	1 = 一天以内；2 = 一周以内；3 = 一个月以内；4 = 半年以内；5 = 半年以上
		农地流转难度	1 = 非常容易；2 = 比较容易；3 = 一般；4 = 比较难；5 = 非常难
	执行成本	契约稳定性	农地流转的约定期限，单位：年
	实物资产专用性	是否拥有拖拉机	1 = 是；0 = 否
		是否拥有三轮车	1 = 是；0 = 否
		是否拥有旋耕机	1 = 是；0 = 否
		是否拥有打药机	1 = 是；0 = 否
		是否拥有割草机	1 = 是；0 = 否
人力资本专用性	户主受教育水平		1 = 未上学；2 = 小学；3 = 初中；4 = 高中；5 = 大专及以上
	户主种植苹果经历		果农种植苹果园经验年限，单位：年
地理位置专用性	到最近果园的距离		单位：千米
社会经济风险	契约形式为口头协议		1 = 是；0 = 否
	契约形式为正式合同		1 = 是；0 = 否
	村干部是否干预		1 = 是；0 = 否
	是否发生过纠纷		1 = 是；0 = 否
农地流转价格	亩均农地租赁价格		单位：元

变量内涵		变量含义与赋值
农户生产能力	家庭农业劳动力人数	单位：人
	机械总值	单位：元
	自有耕地面积	单位：亩
农地边际净收益	亩均苹果园净收益	单位：元

4.6　模型估计结果与讨论

为了同时估计农地流转行为的两个维度因变量：是否租入和流入农地规模，在估计方法上需应用极大似然估计方法。对模型（4.16）的估计结果由表4-3给出。表4-3的估计结果表明，rho 似然比检验显示，可以拒绝原假设"$H_0: \rho = 0$"，表明应该使用样本选择模型；瓦尔德检验、极大似然比检验和卡方检验均拒绝模型无效的原假设，表明模型整体拟合度较好，可以用于实证分析。

表4-3　　　　　　　　Heckman 两阶段模型估计结果

因变量		农地流入面积			
自变量		系数	标准误	z 值	p 值
搜寻成本	农地流转范围	0.6175	0.4833	1.28	0.20
	对方身份是否为亲戚	1.1642	1.1696	1.00	0.32
	对方身份是否为熟人	2.2208 *	1.1570	1.92	0.06
	对方身份是否为一般农户	2.6237 ***	0.9101	2.88	0.00
谈判成本	谈判时间	-0.6636 *	0.3894	-1.70	0.09
	流转程序的复杂程度	0.2019	0.3481	0.58	0.56

因变量		农地流入面积			
	自变量	系数	标准误	z 值	p 值
执行成本	契约稳定性	0.0853 **	0.0415	2.05	0.04
农地流转价格	亩均农地租赁价格	0.0001	0.0004	0.07	0.95
农户生产能力	家庭农业从业劳动力人数	0.5363	0.5141	1.04	0.30
	机械总值	0.0001	0.0000	−0.01	0.99
	自有苹果园面积	0.6330 ***	0.0588	10.77	0.00
农地边际净收益	亩均苹果园净收益	0.0000 **	0.0000	2.75	0.01
常数项		−6.5763 ***	1.6851	−3.90	0.00
自变量		是否流入农地			
	因变量	系数	标准误	z 值	p 值
实物资产专用性	是否拥有拖拉机	−0.3580	0.2234	−1.60	0.11
	是否拥有三轮车	0.5615 *	0.2941	1.91	0.06
	是否拥有旋耕机	0.5990 ***	0.2056	2.91	0.01
	是否拥有打药机	0.3099	0.3040	1.02	0.31
	是否拥有割草机	0.2721 ***	0.0486	5.59	0.00
人力资本专用性	户主受教育水平	0.2045 *	0.1177	1.74	0.08
	户主种植苹果经历	0.0283 **	0.0124	2.29	0.02
地理位置专用性	到最近果园的距离	0.0002	0.0013	0.13	0.90
社会经济风险	契约形式为口头协议	3.8435 ***	0.4081	9.42	0.00
	契约形式为正式合同	3.8434 ***	0.3958	9.71	0.00
	村干部是否干预	−0.1325	0.2322	−0.57	0.56
	是否发生过纠纷	−0.1503	0.3792	−0.40	0.69
农地流转价格	亩均农地租赁价格	0.0001	0.0001	−0.46	0.65
农户生产能力	家庭农业从业劳动力人数	−0.0311	0.1327	−0.23	0.82
	机械总值	0.0001	0.0000	0.39	0.69
	自有耕地面积	0.0229 *	0.0129	1.78	0.08
农地边际净收益	亩均苹果园净收益	0.0001	0.0000	0.75	0.45
常数项		−3.8229	0.6202	−6.16	0.00

Wald chi2 （11）＝159.17
Log likelihood ＝ － 490.2835
Prob > chi2 ＝ 0.0000
LR test （rho ＝ 0）：chi2 （1）＝7.29
Prob > chi2 ＝ 0.0069

注：***、**、* 分别表示估计系数在 1%、5% 和 10% 的统计水平上显著。

结合前文的三个理论假设和模型回归结果，可以得到以下结论：

（1）专业化农户是否流入农地取决于农户的实物资产专用性、人力资本专用性和农地流转的社会经济风险，假设 H1 没有得到验证。

从发展的视角来看，城市化与非常农产业发展导致农业劳动力在产业内和产业间持续流动，农业劳动力不再是无限供给，因而农业工资随之显著上涨，为机械化提供了可能性。农户为了节约劳动力，选择进行专用性实物资产进行投资。与此同时，机械化程度越高的农户，生产能力越强，越倾向于扩大农地规模、转入土地。

人力资本专用性对是否流入农地有显著的正向影响。这一结论的经济学含义在于，农户受教育程度越高，专注于某一农作物生产的经验越丰富，使其更加了解农业技术特点，应用相应技术的能力越强，对提高农户自身能力和经济价值具有重要的工具性作用，因而更倾向于转入土地。

农地流转的社会经济风险中，契约形式对农户是否流入具有显著影响。以"是否第三方证明"为对照，是否采用口头协议和是否采用正式合同的影响显著。由于"第三方证明"的农地流转具有典型的人格化交易特征，在村落或乡村社区内部的重复性博弈中可以发挥作用。随着经济发展和农村社会进程加速，农地流转半径和交易对方范围均显著扩展，需要引入正式的制度安排和规制手段来降低交易风险和交易成本。与此相对应，以半正规的口头协议和正规的契约合同为主要内容的正式制度安排有助于降低农户农地流转的交易风险和交易成本，进而对农地流入决策产生正向影响。

（2）农地流入规模取决于土地的边际收益以及农地流转的搜寻成本、谈判成本和执行成本，土地租赁价格的影响不显著，假设 H2 得到验证。

在自发流转的前提下，土地是否流转、价格如何确定、形式如何选择等，决策权都在农户，那么完成一次农地流转，农地的流入方和流出方为了完成交易，需要付出搜寻、谈判和执行三个类型的交易成本，随着农地流转交易半径和交易范围的扩展，信息不对称性会显著增强，交易成本和风险会成为制约农地流转规模的重要因素。

土地租赁价格影响不显著的原因在于，一方面，基于"所有权、承包权、经营权"三权分置的背景，土地租赁价格并不能完全反映出流入土地的价值和供需状况。另一方面，土地租出方更加重视土地流转收益的安全性和所承包土地使用权的安全性，而不是土地流转的经济收益。理论和实证研究也已证明，"长期出租、固定租金、每年支付"的固定租佃制是安全性最高、激励性最低的一种土地租佃制度安排。

（3）农户初始土地资源禀赋对农地转入规模有显著影响，假设 H3 得到验证。

由于样本区域目前的自有土地均是按照家庭人口平均分配所得，因而，农户初始土地资源越丰裕，农户的生产能力越强，转化为专业化大户的概率越大，同时采用新技术的效率和规模收益也越高。目前，我国的专业化农户远未达到专业大户和规模经营的要求，因而，初始土地资源丰富的专业化农户，更愿意采用农地流转、自发并地等方式来扩大经营规模。相反，农户自有土地面积越小，来自农业经营收入的比重越低，随着农业生产技术的进步和生产规模的扩展，这类农户从事农业生产的机会成本越来越高，那么农户从事非农生产活动的动机更强烈。基于利益最大化的动机，租出土地是理性选择。

4.7　本章小结

　　土地规模化流转是农业现代化的基础和前提，但现阶段农地流转的必然性和迫切性与现实中农地流转的滞后性之间的矛盾突出，农地租赁市场的资源再配置功能发挥有限。而在推进农业专业化生产和规模化经营的历史背景下，农产品专业化生产对于发挥区域比较优势，增强农业竞争力具有重要意义，因而，无论是在学术界还是在政策界均给予了高度重视。在产业层次，农业部门相继出台了各类农产品优势区域布局规划，旨在引导农业生产向优势区集中，形成产业的集聚效应和规模效应；在微观层次，则注重农业微观经营组织的规模化和专业化建设，形成专业化农户规模化生产的新型经营格局。在这一过程中，农地流转市场的功能和角色至关重要。特别是在坚持现行农地产权制度安排的前提下，发挥农地流转市场的要素再配置功能，提高专业化农户的生产效率和收入水平，被视为可行的政策选择。因而，理解农产品专业化产区农地流转市场的功能及其经济影响机理也成为一个兼具学术意义和政策意义的研究命题，受到了的普遍关注。

　　本章以构建的农户农地流转理论模型为基础，推导形成制约农户农地流转的关键因素及假设，从固定资产不可分性、专业化分工、交易成本节约效应方面，分析农地流转对专业农户福利的影响机理；运用 Heckman 两阶段模型、线性回归模型实证检验农户农地流转的影响因素和农地流入的福利效应。

　　本章的一个重要发现是，如果将专业化农户的农地流转决策从是否流入农地和流入农地规模两个维度来解析，那么农户是否流入农地取决于农户的实物资产专用性、人力资本专用性和农地流转的社会经济风险，流入农地规模取决于土地的边际收益、生产能力以及农地流转的搜寻成本、谈判成本和执行成本，农地租赁价格的影响不显著；随着农地流入，农户经营规模扩大，有助于改善农户福利。

本章的另一个发现是，农地租赁价格信号并未发挥应有的杠杆作用。理论上，清晰的产权界定是市场交易的前提，也是市场价格发挥杠杆作用的前提。农地作为生产性资产，其市场价格不仅包括该生产要素的机会成本，同时也含有这种资产未来的潜在使用价值。与其他各种安排相比，市场提供上述价格信息的成本很多，相应地，一切生产性资源的市场价值决定于人们对最终物品和服务的需求状况。

上述研究结论可以带来以下启示：一是深化农村土地产权改革，加快农地确权颁证，降低由于产权不清晰导致的交易风险。二是进行局部制度创新使政府和农地市场形成良好的互动来降低农地流转的交易成本，如针对各地不同的发展水平和差异，通过建立土地承包纠纷调解小组、搭建农地流转平台等举措来降低交易成本。三是充分尊重农户意愿，鼓励农户以转包、出租、互换、转让、股份合作等形式流转土地经营权，构建多种形式的土地租赁市场，充分发挥市场的资源配置功能。四是遏止行政干预，避免用行政手段强迫农民土地流转。

第5章 信贷可得性、融资规模与专业化农户农地流转行为分析

5.1 引 言

土地流转被视为促进农业规模化经营和专业化生产、推动农民增收的重要举措,如何克服制约土地流转的因素、提高土地流转效率受到了发展经济学界的广泛关注。目前,学术界对制约土地流转因素的讨论主要集中在三个方面:一是区域经济发展是否能为农村劳动力提供充分的、稳定的非农就业机会(游和远等,2013;陈飞和翟伟娟,2015;王亚楠等,2015;张兰等,2015);二是土地产权不稳定降低了农户的土地流转意愿,阻碍了农地流转市场土地再配置功能的发挥和农户规模的扩大(罗必良,2014;马贤磊等,2015;钱忠好和冀县卿,2016;程令国等,2016;姚万军等,2016);三是政府能否为农户提供良好的社会保障、同时放松对农户农地流转的管制(张锦华等,2016;张会萍等,2016;郜亮亮等,2014)。

这些研究在特定的视角下都有各自的说服力,但也不乏批评和质疑:一方面,非农就业并不必然导致农地流转(钱忠好,2008);另一方面,土地产权或地权稳定性并不会扩大农户的土地经营规模或者激励农户增加

农业生产投资（钟甫宁和纪月清，2009）。围绕上述争论和批评，一个有待于进一步进行理论探索的现实问题是，在农地使用权和流转权持续得到强化的制度背景下，农产品专业化产区中从事水果、蔬菜、花卉等园艺生产的农户，他们从事农业生产的比较收益并不低于非农就业，而且现阶段超小规模的经营格局也使其存在追逐规模经营的内在激励，但为什么这些地区的农地流转的效率和比例仍然很低？

这其中的一个重要原因在于农户参与农地流转市场的可行能力限制。Deininger（2001）较早地注意到了这个问题，他认为金融市场失灵导致农户无法获得扩大经营规模所需的资金支持，也不能雇佣一定数量的劳动力来克服劳动密集型农业产业在农忙季节的劳动力短缺问题，这是构成发展中国家农地流转市场无效率的关键原因。遗憾的是，在针对中国问题的实证研究中，学者们对农村信贷市场不完全这一因素并未给予应有的重视，削弱了研究的解释力。

信贷市场失灵对农户农地流转决策的影响机制至少包括两个方面：一方面，不完全的信贷市场推高了小规模农户流动资本的影子价格，这不仅降低了农户的竞争力，也抵消了小农户利用家庭劳动力生产节约监督成本的优势；另一方面，不完全信贷市场下，农户难以获得长期投资需要的融资需求，导致长期性生产投资与农地规模扩大难以形成良性互动。具体地，生产机械等长期投资与农地规模扩大是一种阶梯性互动关系，即农地规模扩大需要相应的省力化、轻简化机械替代劳动力投入，提高生产效率；反之，为了达到生产机械的边际效用达到最大，又需要通过农地流转来扩大经营规模。在这一过程中，需要信贷市场为农户的长期投资提供流动性资金支持，为良性互动效应的形成提供前提条件。

就信贷市场的发育状况而言，在广大发展中国家，信息不对称和道德风险导致农村金融市场存在广泛的信贷配给现象（李庆海等，2016），因而农户的信贷可得性非常有限。正规金融机构虽然可以通过抵押制度安排克服信息不对称问题，但如果"不归还贷款就收回并变卖抵押品"的威胁不可置信时，农民可能采用策略性决策故意不归还贷款（钟甫宁和纪月清，2009），导致银行等金融机构对小规模农户的信贷行为常常伴随着极高的交易成本。在非正规信贷市场，以亲缘、友缘为基础的社会网络有助于识别潜在的借贷对象，但社会网络有限的广度和深度限制了借贷的发生规模和发生范围。由此可见，有限的信贷可得性和居高不下的信贷交易成本不仅不利于农户的农地市场参与，也对农户的要素配置最优化构成了负面影响。

此外，信贷市场不完全也抵消了小农户利用家庭劳动力生产节约监督成本的优势，这一结论在针对苏丹的研究中得到了验证（Kevane，1996）。苏丹的案例证实，富裕农户的农业产出明显高于贫困农户的产出，这意味着通常所说的"农地经营规模与生产效率的反向关系"在这里是颠倒的。更重要的是，它导致在农地流转市场上，农地从贫困但劳动力资源丰裕的农户向富裕而劳动力稀缺的农户流动。因此，如果农户面临信贷约束但劳动力和土地市场是有效的，那么该农户的理性选择是租出农地并受雇于劳动力市场获得工资而非在流动性资本匮乏的约束条件下自耕。由此可见，农地租赁市场为农户因信贷可得性限制而进行生产决策调整的主要工具，但对此的理论和实证证据却相当有限（Kaur and Singh，2011）。

以此为背景，本书将全面考察农户的信贷可能性和融资规模对农户农地流转的关系，并具体回答以下几个问题：信贷可得性和融资规模对农户农地流转市场参与是否具有显著的促进作用？如果有，具体是通过什么渠道、何种机理发挥作用？力度和量级有多大？

5.2　信贷可得性、融资规模对农户农地流转的影响机理

为了在一个统一的框架下更好地理解金融约束对农户农地流转的抑制作用，我们可以构建一个农户模型来阐述该问题（Carter and Salgado，2001）。首先，给定任意一个农户的初始要素禀赋为 T^0 单位的土地、L^0

单位的劳动力和 M^0 单位的现金流，那么农户的收入最大化问题就可以简化为如下形式：

$$\pi \equiv [\,p_c Q - wL^d - Fp_f - 1(\lambda + iB)\,] + [\,w\phi(L^s)\,] + [\,iS\,] \qquad (5.1)$$

式（5.1）中，p_c、Q 分别表示农产品的销售价格和产量；wL^d 表示雇佣劳动力支出；F 和 p_f 分别表示农业生产的可变投入数量和可变投入品价格；$1[\lambda + iB]$ 表示农户借贷行为的标量：λ 表示借贷的固定交易成本，i 表示借贷利率，B 表示借贷金额。为了分析简便且不失一般性，我们假定农户的借贷和储蓄的利率相同。此外，$w\phi(L^s)$ 表示家庭劳动力的工资性收入，iS 表示农户的储蓄收入。

如果农户的农业生产具有规模报酬不变的特点，那么其生产函数就可以表示为：

$$Q = \alpha f(F,\ T^0,\ L,\ K) \qquad (5.2)$$

这里 K 是农户的生产性固定资产，L 是自有劳动力和雇佣劳动力投入，α 是农户的生产能力，且有 $0 \leqslant \alpha \leqslant 1$。考虑到农户的农业劳动力投入可以通过农业劳动力市场和非农劳动力市场进行再配置，因而：

$$L = L^h + \gamma(T,\ L^h)L^d \qquad (5.3)$$

式（5.3）中，L^h 表示投入到农业生产中的农业劳动力，L^d 表示投入农业雇佣劳动力投入，$\gamma(\cdot)$ 表示要素间的协同关系。

除式（5.2）、式（5.3）的约束外，式（5.1）的最优化还受到前定的流动性条件约束：

$$wL^d + p_f F + p_c R_0 \leqslant M^0 - S + w\phi(L^s) + 1[\,B - \lambda\,] \qquad (5.4)$$

流动性约束条件表明，在生产周期 $p_c R_0$ 内，一定量的流动性资本是农户进行农业生产，平滑农业投资的必要条件。具体地，流动性资本的来源包括以下几个方面：储蓄之外的现金留存（$M^0 - S$）、同时期内的非农收入以及通过借贷获得的融资 $1[\lambda + iB]$。这里，我们假定农户的信贷规模受农户的生产性资产约束：

$$\beta \leqslant \eta K \qquad (5.5)$$

最优化问题同时还要满足非负性条件：

$$(L^0 - L^h - L^S),\ S,\ L^d,\ B \geqslant 0 \qquad\qquad (5.6)$$

由式（5.1）~式（5.6）可知，农户是在式（5.2）~式（5.6）的约束条件下，实现式（5.1）的收入最大化。在这里，我们令 $\pi^*(T^0,\ M^0,\ \alpha)$ 表示最优收入水平，它决定于农户的土地规模、资本存量和生产能力。仔细审视农户的收入最大化问题可以发现，式（5.3）阐述的流动性约束条件对于农户家庭收入具有至关重要的意义，但是，发展中国家广泛存在的金融排斥导致信贷行为的交易成本 λ 居高不下，同时也推高了流动性资本的影子价格 κ。

令 A^* 表示农户期望农地流转规模的潜变量，$t = \dfrac{T^0}{L^0}$ 表示要素比率，$\bar{t}$ 表示均衡状态下的要素比率，如果 $t \leqslant \bar{t}$，则意味着农户存在租入农地的激励；相反则会租出农地。进一步考虑包含信贷约束的情形：如果存在信贷约束（$\kappa > i$），那么农地流转的潜在发生率分布 $r(t \mid \kappa > i,\ \alpha = \bar{\alpha})$ 如图 5-1 中的 r_1 所示，远远低于完全市场下的农地流转发生率 r_3；此外，另一种可能的情形是农户引入劳动节约型生产技术，改进了要素比率，这时信贷约束条件下农地流转的潜在发生率分布 $r(t \mid \kappa > i,\ \alpha = \bar{\bar{\alpha}})$ 向右上方移动至 r_2 所示，仍然低于理想情形下的 r_3。

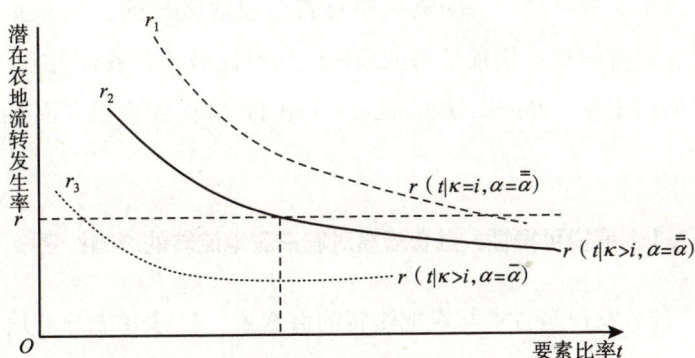

图 5-1　金融约束与潜在农地流转发生率

综合上述分析，我们可以凝练出本书的研究假设：信贷市场不完全限制了农地流转效率，有限的信贷可得性降低了农户的农地流转市场参与概率，不利于农户农地流转规模的扩大。反之，随着信贷可得性的改善，农户在信贷市场获得一定规模的融资将增进农户的农地流转概率，扩大农户的农地流转规模。

以上假设在农村实践中是否成立，以及信贷可得性、融资规模对农户农地流转更深层次的影响维度和影响方向需要基于微观调查数据的进一步检验。在具体的实证分析中，农地流转变量包括是否流入农地的离散变量和农地流入面积的连续变量两个维度；信贷支持变量包含是否获得过信贷以及信贷规模两个维度。这样设置的优点在于在一定程度上控制了其他可变投入测量误差的内在影响，获得的估计结果更加稳健（Kochar，1997）。

5.3 模型选择、变量设置与数据来源

5.3.1 计量模型设定

为了检验信贷可得性、融资规模对农户农地流转的直接和间接影响，准确测度农地流转概率增加带来的农地流转激励效应，我们分别构建了因变量受限回归模型（limited dependence model）和匹配模型（match model）进行分析。

5.3.1.1 信贷可得性、融资规模对农户农地流转的影响：受限回归模型

令 A^* 表示农户是否参与农地流转的潜变量，C_i 表示农户的信贷条件，那么

$$A^* = \beta_0 + x\beta_1 + \beta_{2i}C_i + u \tag{5.7}$$

式（5.7）中，$C_i(i=1, 2)$ 分别表示农户是否获得信贷支持的虚拟变量

和农户获得的融资规模的对数形式；β 和 u 分别表示待估系数和残差项；x 表示其他影响农户农地流转的因素，主要包括规模经济、信息搜寻能力、农产品销售价格、栽培技术性质和农户自身特征决定（Deininger and Feder，2001），这些因素具体的影响机理解释如下：

规模经济的存在与否对不同规模的土地影子价格都会产生系统性影响。一般而言，规模经济的产生源自生产型机械的不可分性或者必要的生产规模来分摊生产成本。对于专业化的苹果种植户而言，由于生产机械投资具有高度专用性，需要一定的规模来组织生产，因而追求规模经济是诱导农户参与农地流转的主要因素之一。在此，规模经济指标采用农户家庭拥有的生产性机械原值、家庭自有土地面积和劳动力数量来衡量。

农户的信息搜寻能力通过家庭是否拥有电脑的虚拟变量来表示。农地流转市场的信息不对称性和农地交易复杂性导致农户搜寻合意的交易对象需要付出较高的搜寻成本，因而大多数的农地交易地缘特征明显，而农户拥有电脑意味着其使用信息化工具搜集、加工信息的能力比较强。

对于以农业经营收入为主要收入来源的专业化农产品种植户而言，追求农业经营收入最大化是其要素配置的最终目标。因而，农产品销售价格越高，意味着农户获得的农业经营收入越高，这自然会诱导农户寻求将更多的农地配置向农业专业化生产。农产品销售价格越高，农户参与农地流转的概率越大。

为了应对土地细碎化造成的这种效率损失，一种可行的举措是进行农地流转。有效的农地流转在客观上提高了劳均土地面积，并且还有可能促成地块合并，从而提高单位地块的规模，有助于"反土地细碎化"（田孟和贺雪峰，2015）。因而，克服农地细碎化是农户参与农地流转市场的一个驱动力。在具体的回归中，我们使用农户苹果园总面积除以地块数来表示土地细碎化程度。

除此之外，农户采用的生产技术决定了农业生产的要素投入结构，如果农户采用的是劳动密集型技术，就意味着要在单位面积上投入更高强度的家庭劳动力和雇佣劳动力。相反，如果农户采用的是劳动节约型生产技术，那么就必须要有相应规模的土地投入来满足要素配置最优的要求。与劳动密集型栽培技术技术相比，采用劳动节约型技术流入农地的概率更高。在此，我们采用矮化密植栽培技术作为劳动节约型栽培技术的度量指标。

在式（5.1）的基础上，令 C^* 表示农户是否获得信贷支持的潜变量，$C^* > 0$ 意味着农户获得了一定的融资数量。由此可知，农户的农地租入数量 A 的决定方程可以表述如下：

$$A = \begin{cases} \delta_0 + x\delta_1 + \delta_{2i}C_i + \mu \ \text{if}(\,C^* > 0,\ A^* > 0) \\ \delta_0 + x\delta_1 + \mu \ \text{if}(\,C^* \leqslant 0,\ A^* > 0) \\ 0 \end{cases} \quad (5.8)$$

对式（5.7）和式（5.8），将分别估计常规的受限回归模型和工具变量法的受限回归模型，目的在于控制变量的内生性。

5.3.1.2 信贷可得性对农户农地流转的处理效应：匹配模型

式（5.7）和式（5.8）的估计结果有助于我们全面系统地理解农户农地流转的决定因素的作用机理，但如果要将信贷可得性对农户农地流转的影响同其他因素的影响分离开并进行精确测量，则需要进一步引入匹配模型。

令 A_1 表示获得信贷支持的农地流入面积或流入概率，A_0 表示未获得信贷支持的农地流入面积或流入概率，那么可观测的全部样本的处理效应就可以表示为：

$$A' = C_1 A_1 + (1 - C_1) A_0$$
$$C_1 = 0,\ 1 \quad (5.9)$$

进一步地，令 P 表示 $C_1 = 1$ 的概率，那么平均处理效应就是：

$$\tau = P \times \big[E(A_1 \mid C_1 = 1) - E(A_0 \mid C_1 = 1) \big] + (1 - P) \big[E(A_1 \mid C_1 = 0) - E(A_0 \mid C_1 = 0) \big]$$
$$(5.10)$$

式（5.10）意味着全部样本信贷支持的处理效应是已获得信贷农户与未获得信贷农户二个群体的加权平均，权重是 $C_1 = 1$ 和 $C_1 = 0$ 的发生概率。

通常，学者们采用领域匹配或者倾向得分匹配方法来解决上述问题。即选择若干处理前特征作为个体匹配指数，寻找最佳匹配对象。以处理前特征为条件的概率设定如下：

$$p(X) = \Pr(C_1 = 1 \mid X) = E(C_1 \mid X) \tag{5.11}$$

$$p(X) = F\{h(X)\} \tag{5.12}$$

式（5.12）中，$F\{\cdot\}$ 一般是正态累积分布或逻辑累积分布，X 是影响农户获得信贷支持的各因素。由于倾向得分估计方法需要条件独立和共同支撑条件两个假设，所以本书采用邻域匹配方法进行估计。具体的平均处理效应可以通过以下式子得出：

$$ATET = E[A_1 - A_0 \mid C_1 = 1] \tag{5.13}$$

$$ATNT = E[E(A_1 - A_0 \mid C_1 = 1), p(X)] \tag{5.14}$$

$$ATE = E\{[E(A_1 \mid C_1 = 1), p(X)] - [E(A_0 \mid C_1 = 0), p(X)]\}$$
$$\tag{5.15}$$

式（5.13）~式（5.14）代表了不同的含义：式（5.13）表示已进入处理组的平均处理效应；式（5.14）表示尚未进入处理组的平均处理效应，是不可观测的反事实结果。

目前常见的匹配方法主要包括领域匹配（nearest neighborhood matching，NNM）和核密度匹配（kernel matching，KM）。理论上，这些方法的实质都是估计效率和估计偏误二者之间的平衡，在思路上都是给定匹配半径，寻找与获得信贷的农户倾向得分最为接近的未获得信贷的农户进行配对。如果估计结果是稳健的，那么二者的估计结果应该极为接近。

5.3.2 描述性证据

由于农户的借贷行为发生概率较低且其影响具有时序性，因而在调研中我们询问了农户在 2011 ~ 2014 年 6 月农户的借贷行为发生总量。表5-1 中的统计结果显示，第一，获得借贷的农户农地流入比例和农地流入均显著高于未借贷农户，这一描述证据至少表明农户的信贷可得性与农地流转存在明显的相关关系，当然，该相关关系是否具有必然性仍然有待于计量检验。第二，借贷农户的家庭生产性机械原值显著高于未借贷农户，这表明农户借贷总量使决定农户农业长期投资的重要因素，与此同时，农业长期投资也是农户借贷的重要驱动力。第三，信贷来自正规渠道和非正规渠道的比例非常接近。

表5-1　　　　信贷可得性、融资规模与农户农地流转的描述性证据

指标	借贷农户（N=326）		未借贷农户（N=753）	
	均值	标准差	均值	标准差
借贷融资规模（千元）	77.39	154.33	—	—
信贷来自正规渠道（%）	50.61	—	—	—
信贷来自非正规渠道（%）	49.39	—	—	—
农地流入比例（%）	22.39	—	15.80	—
农地流入面积（亩）	9.85	22.06	5.98	8.15
家庭生产性机械原值（千元）	12.07	9.46	11.07	8.13
家庭自有耕地面积（亩）	9.33	7.45	9.11	6.61
家庭劳动力数量（人）	2.66	1.07	2.58	1.00
信息搜寻能力（%）	31.90	—	35.32	—
苹果销售价格（元/千克）	2.41	1.96	2.37	1.68
土地细碎化（亩/块）	4.80	6.21	3.78	4.73
是否采用劳动节约型生产技术（%）	5.71	—	3.68	—

5.4　模型估计结果

5.4.1　受限回归模型估计结果

表5-2报告了农户的信贷可得性、信贷融资规模对农户的农地流入

概率和农地流入规模影响的回归结果。具体地，第（1）列和第（2）列中信贷可得性和融资规模对农户农地流入概率的影响为正，且估计系数在10%的水平上通过显著性检验；第（3）列和第（4）列中信贷可得性和融资规模对农户农地流入规模的影响同样为正，估计系数分别在10%和5%的水平上显著。这一实证结论充分验证了前文的理论假说，也确认了信贷可得性与农地流转之间的必然存在的因果关系。

表 5 - 2　　　　　　　　　农地流入决策影响因素的估计结果

自变量	模型 I：是否流入农地的 Probit 回归				模型 II：农地流入规模的 Tobit 回归			
	第（1）列		第（2）列		第（3）列		第（4）列	
	系数	P 值	系数	P 值	系数	P 值	系数	P 值
是否借贷	0.1909 * (1.81)	0.071			1.8657 * (1.77)	0.076		
借贷规模			0.0153 * (1.87)	0.062			0.1630 ** (2.02)	0.044
生产性机械原值	0.0122 *** (2.67)	0.008	0.0122 *** (2.67)	0.008	0.2299 *** (5.22)	0.000	0.2295 *** (5.22)	0.000
自有土地面积	-0.0359 *** (-3.72)	0.000	-0.0358 *** (-3.72)	0.000	-0.8702 *** (-9.52)	0.000	-0.8688 *** (-9.53)	0.000
家庭劳动力规模	-0.0011 (-0.03)	0.979	0.0001 (0.00)	0.999	0.2033 (0.47)	0.639	0.2150 (0.50)	0.619
信息搜寻能力	0.2471 ** (2.42)	0.016	0.2441 ** (2.39)	0.017	4.6399 *** (4.53)	0.000	4.6077 *** (4.51)	0.000
土地细碎化	0.0320 *** (3.15)	0.002	0.0316 *** (3.13)	0.002	1.0133 *** (18.11)	0.000	1.0093 *** (18.05)	0.000
采用劳动节约技术	0.0838 ** (2.37)	0.018	0.0837 *** (2.37)	0.018	0.6260 ** (2.38)	0.018	0.6204 ** (2.36)	0.019
样本是否来自陕西	1.6057 ** (2.21)	0.027	1.6061 *** (2.21)	0.027	13.6763 ** (2.50)	0.013	13.6984 ** (2.51)	0.012

续表

	模型Ⅰ：是否流入农地的 Probit 回归				模型Ⅱ：农地流入规模的 Tobit 回归			
	第（1）列		第（2）列		第（3）列		第（4）列	
样本是否来自甘肃	− 0.4471 **	0.013	− 0.4544 **	0.012	− 0.3125	0.862	− 0.4149	0.818
	（− 2.49）		（− 2.53）		（− 0.17）		（− 0.23）	
样本是否来自山东	− 0.6055 ***	0.001	− 0.6104 ***	0.001	− 4.6139 **	0.013	− 4.6848 **	0.012
	（− 3.35）		（− 3.38）		（− 2.49）		（− 2.52）	
户主年龄	− 0.5872 ***	0.001	− 0.5913 ***	0.001	− 3.4810 *	0.052	− 3.4879 *	0.051
	（− 3.36）		（− 3.39）		（− 1.95）		（− 1.96）	
户主受教育程度	− 0.0115 **	0.037	− 0.0115 **	0.038	− 0.1472 ***	0.009	− 0.1460 ***	0.009
	（− 2.08）		（− 2.08）		（− 2.61）		（− 2.60）	
常数项	− 0.0932	0.118	− 0.0944	0.113	− 0.6020	0.318	− 0.6119	0.309
	（− 1.57）		（− 1.58）		（− 1.00）		（− 1.02）	
LR Chi (13)	72.91		73.14		328.87		324.79	
Prob > Chi2	0.0000		0.0000		0.0000		0.0000	
Log likelihood	− 452.55		452.44		− 953.66		− 953.21	
Pseudo R^2	0.0745		0.0748		0.1452		0.1456	

注：*** 、** 和 * 分别表示估计系数在1%、5%和10%的水平上通过显著性检验；（）中的数值表示 z 值。

信贷市场不完全限制了农地流转效率，具体而言就是信贷约束降低了农地流转的发生概率，不利于释放农地流转的活力，农地流转市场的农地再配置功能难以得到发挥。随着信贷可得性的改善，农户在信贷市场获得一定规模的融资将增进农户的农地流转概率，扩大农户的农地流转规模。上述结论不仅启示着现阶段农村土地改革的政策选择，也预示了未来要素市场的发展路径。在有序推进农地流转，促进农业生产的规模化和专业化共识下，提高农户的农业规模经营可行能力，特别是农户的信贷可得性和融资能力是突破"流转意愿弱，规模程度低"这一流转困境的政策着眼点。

在其他影响农户农地流转决策的变量中，反映规模经济特征的生产性机械原值、家庭自有土地面积，表征信息搜寻能力的电脑拥有量以及土地细碎化程度和劳动节约型技术的采用对农户的农地流转具有显著影响，与前文的理论预期基本一致。控制变量中，与河南相比，山东和甘肃农户流入农地的概率更低，陕西农户流入农地的比例更高；表征人口学特征的户主年龄和受教育水平有显著影响。

5.4.2　匹配模型估计结果

为了进一步精确测度信贷可得性对激活农地流转市场的贡献，在估计模型（5.2）的基础上，我们还需要将其他因素对农地流转的影响分离开来，即采用匹配方法估计信贷可得性对农地流转的处理效应。同时，为了相互检验估计结果的稳健性，表5-3报告了邻域匹配和核密度匹配两种估计结果，两种方法的估计系数较为相近，表明估计结果比较稳健可靠。在表5-3中，ATE表示从总体中随机抽取某个体农户的期望处理效应，无论该农户是否获得信贷支持，ATET获得信贷支持群体的平均处理效应，对于政策制定者，ATET可能更为重要，ATE与ATET一般不相等。

表5-3　　　　　　　　　匹配模型估计结果

匹配方法	指标	农地流入面积匹配结果				农地流入概率匹配结果			
		系数	标准误	T值	P值	系数	标准误	T值	P值
邻域匹配	ATE	1.09 *	0.5993	1.83	0.068	8.53 ***	0.0327	2.61	0.009
	ATET	1.15 *	0.6720	1.72	0.086	9.11 ***	0.0321	2.83	0.005
核密度匹配	ATE	1.08 ***	0.4667	2.81	0.005	6.56 ***	0.0253	2.81	0.009
	ATET	1.13 *	0.6474	1.76	0.086	6.57 **	0.0275	2.38	0.011

注：***、** 和 * 分别表示估计系数在1%、5%和10%的水平上通过显著性检验。

表 5-3 中报告的信贷可得性对农地流转"净影响"显示，对全部样本而言，信贷支持使农户参加农地流转的概率增加了 8.53%，流入面积增加了约 10%（1.09 亩）；对于处理组农户而言，获得信贷支持使农户参加农地流转的概率增加了 9.11%，流入面积增加了 1.15 亩。由此可见，获得信贷支持确实能够提高农户的农地流转，并且此促进作用在农地流入规模方面更为显著。

5.5 本章小结

本章全面考察了信贷可得性、融资规模对农户农地流转的影响，理论和实证分析表明，发展中国家广泛存在的金融排斥导致信贷行为的交易成本居高不下，同时也推高了流动性资本的影子价格，而影子价格高于市场现实利率意味着信贷对农户构成紧约束，此时农地流转的潜在发生率远远低于完全市场下的农地流转发生率，劳动集约型生产技术的引入虽然可以改变土地/劳动比率，但并不能克服金融约束造成的农地流转抑制。随着信贷可得性的改善，农户在信贷市场获得一定规模的融资将增进农户的农地流转概率，扩大农户的农地流转规模。

信贷可得性对农地流转"净影响"主要表现为，对全部样本而言，信贷支持使农户参加农地流转的概率增加了 8.53%，流入面积增加了 1.09 亩；对于处理组农户而言，获得信贷支持使农户参加农地流转的概率增加了 9.11%，流入面积增加了 1.15 亩。

本章的研究结果有利于重新理解中国专业化农产品产区农户农地流转发生率低和农地流转意愿弱的主要原因，也带来了一定的政策启示。由上述结论可知，现阶段促进农业规模化、专业化经营的关键是增加农户的资本流动性资源数量，提高农户流入农地的可行能力，切实保障小规模农户从事专业化生产的可持续性。这也表明，在有序推进农地流转、促进农业生产的规模化和专业化共识下，提高农户的信贷可得性和融资能力是突破"土地流转意愿弱，规模程度低"这一流转困境的政策着眼点。另外，如何矫正金融市场失灵，缓解农村金融配给，通过提高农户的信贷可得性和融资能力来激活农地流转市场是一个有待于后续进一步研究的问题。

第6章 专业化农户技术市场行为分析：以矮化栽培技术为例

在第5章中，我们以农地为例，对农户不完全产权要素的配置行为进行了实证分析，而在本章，将以矮化栽培技术为例，研究交易成本对农户新技术采纳的影响机理。引入新技术是农业克服规模报酬递减，实现农业经济增长和农民增收的关键举措，因而研究新技术采纳及其决定因素一直是发展经济学和农业经济学的热点问题。

6.1 引　　言

在中国，农业科技体制处于改革和转型的加速期，中央与地方政府的产业科技政策之间，不同技术创新及推广主体之间，以及农户与各类技术创新、推广服务主体之间存在的矛盾和冲突，导致政府行为与市场调节的关系扭曲（王静，2013），吸引了众多学者的目光。围绕农户技术采纳及其决定因素的理论和实证研究，有学者（Feder et al.，1985）将农户技术采纳行为定义为农户在长期均衡和完全信息状态下，应用新技术的程度，且认为农地规模、风险和不确定性、人力资本、劳动力可得性、信贷约束、租赁市场发育、技术供给是技术采纳的决定性因素。基于这一分析思路，随后的研究大多聚焦于农户面临的与生产性要素约束，并认为制约农户新技术采纳的因素主要包括信贷可得性、信息可得性和信息对称性、风险偏好、人力资本差异以及基础设施状况等。

近年来，应用交易成本经济学相关理论考察农户行为的实证性研究逐渐深入，为解释农户技术采纳行为提供了一个新的视角。因为无论是作物新品种还是新化学投入品，技术交易成本对农户的采纳行为都有重要影响。值得注意的是，对于多年生高价值农作物（如苹果）而言，该类作物生产所需的专用性资产投资远高于一年生作物，相应的栽培技术也更加复杂，农户进行技术交易所面临的信息成本、谈判成本以及执行成本也不同于化肥、农药、种子等常规要素的交易成本，需要进一步进行理论和实证研究。本章以苹果矮化栽培技术为例，通过构建农户技术采纳行为模型，揭示交易成本对农户新技术采纳的影响机理，分析制约矮化栽培技术推广的关键原因。

由此可见，无论是作物新品种还是新化学投入品，技术交易成本对农户的采纳行为都有重要影响。值得注意的是，对于多年生高价值农作物（如苹果）而言，该类作物生产所需的专用性资产投资远高于一年生作物，相应的栽培技术也更加复杂，农户进行技术交易所面临的信息成本、谈判成本以及执行成本也不同于化肥、农药、种子等常规要素的交易成本，需要进一步进行理论和实证研究。本章以苹果矮化栽培技术为例，通过构建农户技术采纳行为模型，揭示交易成本对农户新技术采纳的影响机理，分析制约矮化栽培技术推广的关键原因。

矮化栽培、密集化学品投入共同构成绿色革命的核心内容。在我国，小麦和水稻的矮化栽培技术应用较早而且在各粮食主产区迅速推广，为保障粮食增收做出了重要贡献。而多年生的园艺作物，如苹果、梨等的矮化栽培技术推广规模和技术采纳比例却远远落后于发达国家①。理论上，苹果园矮化栽培有利于提早结果，增加产量，改善品质，减少投入，提高土

---

① 国家现代苹果产业技术体系统计数据显示，目前我国矮化苹果园仅占苹果种植总面积的4%，远远低于发达国家80%的比例。

地利用率，而在劳动力价格持续上涨、苹果产业转型加快、果园提质增效需求迫切的现实下，对节约劳动力、提高土地利用率的矮化栽培技术需求更加迫切。理论和现实的矛盾，更加要求我们破解制约农户矮化栽培技术采纳的原因。

6.2 技术采纳行为的概念界定与理论分析

技术采纳是创新通过市场或非市场传播的结果，是一个时点概念，而技术扩散是一个时期概念。技术采纳行为实质上包含了农户应用创新成果的时间和应用程度这两个层次，因而农户技术采纳行为的实证必须综合两类变量，一类是农户是否应用创新成果的离散变量，另一类是创新成果的应用程度（连续变量）。

技术经济学派一般认为，技术采纳的累积贡献率呈 S 形分布。在初始阶段，增长趋势较为平缓，之后开始迅速攀升，到达顶点后开始下降（CIMMYT Economics Program，1993）。技术采纳的累积贡献率函数如下：

$$Y_t = \frac{K}{(1 + e^{-q-bt})} \tag{6.1}$$

其中，Y_t 表示 t 时期的累积贡献率；K 表示技术采纳的上限；b 是与技术采纳比例相关的常数；q 是与技术采纳初始时期相关的常数（Sunding and Zilberman，2000）。

在时期 t，农户的技术采纳行为可以视为以土地、信贷、劳动力等约束条件下期望效用或期望利润的一阶导数，而相应的利润是种植农作物和应用技术的函数，该函数的取值大小取决于农户在包含传统技术和现代技术集合中的离散决策。

假定农户的效用函数为：

$$U = U(pQ - w_i X_i - kT) \tag{6.2}$$

约束条件为：

$$Q(X, T; Z) = 0 \tag{6.3}$$

式（6.2）K 表示农产品价格，Q 表示农产品产量，X_i 和 w_i 分别表示投入品 i 的投入数量和单位价格。T 表示矮化栽培技术，K 是与矮化栽培技术有关的增量成本，Z 是包含农户家庭特征和生产特征的一组向量。式（6.3）的生产函数是一个严格的生产函数，具有单调性、齐次性和严格凹性特征。

进一步地，在模型中引入市场剩余 Q^s，它等于农产品产量 Q 减去消费量 C，即 $Q^s = Q - C$。由于农户参与产品市场需要克服固定交易成本和可变交易成本两类（见第 5 章），因而将式（6.2）扩展为：

$$U = U(pC + (p - TC_{qp})Q^s - TC_{qf}M - w_iX_i - TC_{kp}T - TC_{kf}A) \tag{6.4}$$

式（6.4）中 TC_{qp} 和 TC_{qf} 分别表示产品市场的可变交易成本（proportional transaction cost）和固定交易成本（fixed transaction cost），TC_{kp}、TC_{kf} 分别表示与矮化栽培技术相关的技术市场可变交易成本和固定交易成本。

根据拉格朗日定理，对式（5.4）的拉格朗日方程求一阶导数，可以得到农户是否采纳新技术（A）和新技术应用程度（T）的决定函数如下：

$$A = f(p, k, TC_{qf}, TC_{qp}, TC_{kf}; Z) \tag{6.5}$$

$$T = f(p, k, TC_{qf}, TC_{qp}, TC_{kp}; Z) \tag{6.6}$$

式（6.5）和式（6.6）表明农户是否采纳矮化栽培技术以及矮化栽培技术的应用尺度这一二维技术采纳决策时关于农产品的销售价格 p、与矮化栽培技术有关的增量成本 k、产品市场固定交易成本 TC_{qf}、产品市场可变交易成本 TC_{qp}、技术市场固定交易成本 TC_{kf}、技术市场可变交易成本 TC_{kp} 以及农户个体特征 Z 的函数。

根据式（6.4）~式（6.6），可以提出如下推论：技术市场交易成本在农户技术采纳决策中具有"制动器"的作用。这一命题的经济学逻辑在于，中国的技术市场正处于大变革过程中，原有的以政府农业科技机构为核心的单一推广体系逐渐被政府科研机构、农民专业合作社、农业龙头企业、大中专院校等多元化的农业推广体系所取代。从交易成本经济学的视角来看，原有以行政命令主导的技术推广层级结构被彻底打破，而新的以市场力量为主导的技术交易体系尚未完全建立，层级结构和市场配置两种力量共同在技术市场发挥作用。在这种情境下，专业化农户和技术供给主体之间存在明显的技术供给和技术需求错位，也无法在技术供给主体和技术需求主体之间形成有效的对接机制。这一矛盾导致农户为了采纳新技术所需要支付的交易成本远远高于完全技术市场下的交易成本。技术交易市场失灵导致技术交易成本居高不下，制约了农户采纳新技术的积极性，对农户参与技术市场构成了制度约束。换言之，在存在市场失灵的技术交易市场，交易成本对农户技术采纳行为形成了强大阻力。

6.3　实证模型设计与变量选择

6.3.1　实证模型设计

式（6.5）和式（6.6）的实质，是在效用最大化的前提下求解函数角点解的过程。理论上，农户是否采纳矮化栽培技术及其应用技术的程度可以表达为：

$$y_i = y_i^* \, (\text{if } y_i^* > 0) \tag{6.7}$$

$$y_i = 0 \, (\text{if } y_i^* \leq 0) \tag{6.8}$$

并且有

$$y_i^* = \alpha + X_i\beta + \varepsilon_i \tag{6.9}$$

式（6.7）~式（6.9）表明，农户技术采纳行为转化成实证模型后，是一个受限制变量的模型，换言之，农户的技术采纳决策是由"决定是否采纳"和"技术采纳的程度（是部分采纳还是全部采纳）"两个因素同时决定的，当这两项同时被确定时，才会构成最终的决策，这类模型的角点解求解需要用到 Tobit 模型。在这里，我们首先写出式（6.9）的极大似然函数：

$$f(y \mid x_1) = \{1 - \Phi(x_i\beta)/\sigma\}^{1(y=0)} \left[(2\pi)^{-\frac{1}{2}}\sigma^{-1}\exp\{-(y-x_1\beta)^2/2\sigma^2\}\right]^{1(y>0)}$$

$$(6.10)$$

式（6.10）中，Φ 是标准正太累积分布函数；$1(y=0)$ 和 $1(y>0)$ 表示指数标量函数。需要注意的是，一般形式的 Tobit 模型（即 Tobit I 模型）对估计结果有较严格的限制，对农户是否采用矮化栽培技术和矮化栽培技术的应用程度（比例）的回归只能报告同一组系数，限制了实证模型的解释力和可信度。为此，Cragg（1971）提出了一个 Double Hurdle 模型来克服 Tobit I 模型的上述缺陷，该模型的原理是把估计农户采纳新技术的概率模型（$y>0$）和估计新技术应用比例的截尾回归模型整合在一起进行回归。其极大似然函数可以表述为：

$$f(w, y, \mid x_1, x_2) = \{1 - \Phi(x_1\gamma)\}^{1(w=0)}$$

$$\left[\frac{\Phi(x_1\gamma)(2\pi)^{-\frac{1}{2}}\sigma^{-1}\exp\left\{\dfrac{-(y-x_2\beta)^2}{2\sigma^2}\right\}}{\Phi\left(\dfrac{x_2\beta}{\sigma}\right)}\right]^{1(w=1)} \quad (6.11)$$

式（6.11）中 w 是一个二值变量：当 $y>0$ 时 $w=1$；当 $y\leqslant 0$ 时，$w=0$。与 Tobit I 型不同的是，Double Hurdle 模型要求潜变量的分布具有条件独立性，即 $D(y^* \mid w, x) = D(y^* \mid x)$。根据 Burke（2009）的研究，式（6.9）的概率值和期望值得计算公式如下：

对于 y 是否为正的概率公式：

$$P(y_i = 0 \mid x_{1i}) = 1 - \Phi(x_{1i}\gamma) \qquad (6.12)$$

$$P(y_i > 0 \mid x_{1i}) = \Phi(x_{1i}\gamma) \qquad (6.13)$$

如果 $y>0$，那么 y 的期望值为：

$$E(y_i \mid y_i > 0, x_{2i}) = x_{2i}\beta + \lambda\left(\frac{x_{2i}\beta}{\sigma}\right) \qquad (6.14)$$

式（6.14）中的 $\lambda(c)$ 是逆米尔斯比率，且有

$$\lambda(c) = \frac{\varphi(c)}{\Phi(c)} \qquad (6.15)$$

由于 φ 是标准正态分布函数，那么 y 的非条件期望值就是

$$E(y_i \mid x_{1i}, \ x_{2i}) = \Phi(x_{1i}\gamma)\left\{x_{2i}\beta + \sigma \times \lambda\left(\frac{x_{2i}\beta}{\sigma}\right)\right\} \tag{6.16}$$

对于给定的观测值,独立变量 x_j 对 $y > 0$ 的偏效应计算公式是

$$\frac{\partial P(y_i > 0 \mid x_1)}{\partial x_j} = \gamma_j \varphi(x_1\gamma) \tag{6.17}$$

式(6.17)中,γ_j 表示 x_j 的系数。式(6.12)、式(6.13)和式(6.17)所表达的内容与 x_1 对 w 的 Probit 模型回归结果的概率和偏效应一致。给定 $y > 0$,独立变量 x_j 对 y 的偏效应是

$$\frac{\partial E(y_i \mid y_i > 0, \ x_{2i})}{\partial x_j} = \beta_j\left\{1 - \lambda\left(\frac{x_2\beta}{\sigma}\right)\left[\frac{x_2\beta}{\sigma} + \lambda\left(\frac{x_2\beta}{\sigma}\right)\right]\right\} \tag{6.18}$$

式(6.18)中,β_j 表示 x_j 的回归系数,式(6.14)和式(6.18)所表达的内容与 x_2 对 $y(y > 0)$ 的截尾回归后计算出的期望和偏效应一致。

6.3.2 Cragg's Double Hurdle 模型的变量选择

根据第 6.2 节的理论分析,农产品的销售价格、矮化栽培技术有关的增量成本、产品市场固定交易成本、产品市场可变交易成本、技术市场固定交易成本、技术市场可变交易成本以及农户个体特征 Z 是决定农户技术采纳的基本因素,而其中具体的映射关系是否成立以及影响路径还需要通过微观数据和前文中构建的 Cragg's Double Hurdle 模型来验证。为此,首先需要澄清式(6.9)中涉及的变量之定义和测度方法。

具体而言,由于风险偏好在农户技术采纳决策中具有重要影响,为了进一步测度样本农户的风险偏好特点,本章采用的测度方法是,以农户对待新技术的态度为参照系,如果农户选择"根本不采用"或者"看村里其他人采用的情况再做决定",则视其为风险规避型;如户主选择"积极采用或小面积试用"则视为风险偏好型。

此外,考虑到现阶段农业技术推广站(园艺站、果业技术推广站)是农户技术的主要来源,同时也是矮化栽培技术的主要供给主体,一般而

言，可以采用距技术供给机构的距离作为技术市场固定交易成本的测度指标。同时，借鉴王静等（2014）的研究，采用"技术信息准确度、技术交易协议方式、技术交易议价情况、交易违约情况、技术资料供货方式"作为技术市场可变交易成本的测度指标。表6-1报告了实证模型中各变量的含义和测度方法。

表6-1　　　　　　　　　　变量名称与赋值

变量名		含义与赋值
是否采用矮化栽培技术		1 = 是；0 = 否
矮化技术应用程度		矮化栽培苹果园面积/家庭苹果园经营总面积
农产品销售价格		样本种植户2012～2013年苹果销售平均价格（元/斤）
矮化栽培增量成本		ln 学习相关栽培技术所花费的时间（小时）
产品市场固定交易成本	实物资产专用性	ln 苹果园专用性资产总值（元）
	人力资产专用性	ln 种植苹果从业年限
产品市场可变交易成本	运输方式	是否为机械运输：1 = 是；0 = 否
	销售地点	是否为村域市场销售：1 = 是；0 = 否
	结算方式	是否为现金结算：1 = 是；0 = 否
技术市场固定交易成本	距技术供给机构距离	ln 千米
技术市场可变交易成本	技术信息准确度	准确 = 1；不准确 = 0
	技术交易协议方式	有书面协议 = 1；无书面协议 = 0
	技术交易议价情况	从不议价 = 0；1 = 议价
	交易违约情况	从未遭遇过假冒伪劣 = 1；遇到过假冒伪劣 = 0
	技术资料供货方式	上门服务 = 1；自行提取 = 0
农户个体特征	风险态度	是否属于风险偏好型：1 = 是；0 = 否
	农户种植规模	苹果园经营总面积（亩）
	合作组织参与	参加农民专业合作社 = 1；未参加 = 0
	户主受教育年限	ln 年
	家庭非农收入	ln 元

6.4　农户矮化栽培技术的描述性分析

统计结果表明，样本农户中有 6.14% 的农户选择了矮化栽培技术，且在该类农户中，矮化栽培的面积占苹果园总面积的 85.2%。表 6 - 2 中报告了按照不同栽培模式分类统计的自变量的均值和标准差。从销售价格来看，矮化栽培的苹果销售价格略高于乔化苹果。从技术采纳的增量成本来看，采用矮化栽培技术的学习成本高于乔化模式，前者的样本农户参与技术培训的时间比后者多 0.85 小时。同时，矮化栽培的实物性专用资产投资水平也高于乔化栽培。从技术市场可变交易成本指标来看，矮化栽培的样本农户中，有 41.02% 的农户可以获取准确的技术市场信息，而乔化栽培的样本农户这一指标为 26.67%。15.38% 的矮化栽培农户在技术交易中采用正式契约，相应的乔化栽培农户该指标为 7.25%。

表 6 - 2　　　　　　　　　　变量指标统计

变量名		矮化栽培		乔化栽培	
		均值	标准差	均值	标准差
农产品销售价格		1.94	0.32	1.89	0.62
矮化栽培增量成本		3.96	4.19	3.13	4.85
产品市场固定交易成本	实物资产专用性	8870.65	5860.47	8138.71	5845.27
	人力资产专用性	18.79	6.98	24.55	6.33
产品市场可变交易成本	运输方式	0.69	0.46	0.75	0.43
	销售地点	0.89	0.30	0.83	0.36
	结算方式	0.61	0.59	0.71	0.65
技术市场固定交易成本	距技术供给机构距离	7.70	9.09	11.62	11.19

变量名		矮化栽培		乔化栽培	
		均值	标准差	均值	标准差
技术市场可变交易成本	技术信息准确度	0.41	0.49	0.26	0.44
	技术交易协议方式	0.15	0.36	0.07	0.25
	技术交易议价情况	0.51	0.50	0.49	0.50
	交易违约情况	0.20	0.40	0.24	0.42
	技术资料供货方式	0.10	0.30	0.29	0.45
农户个体特征	风险态度	0.38	0.49	0.32	0.46
	农户种植规模	11.62	5.84	11.14	7.33
	合作组织参与	0.56	0.50	0.38	0.48
	户主受教育年限	8.97	2.81	8.75	2.60
	家庭非农收入	4235.97	9800.81	9963.49	22536.20

6.5　交易成本对农户矮化栽培技术采纳影响的实证分析

在本章中，Cragg's Double Hurdle 模型采用 Stata 12.0 软件和极大似然法进行估计①，估计结果在表6－3给出。瓦尔德检验、极大似然比检验和卡方检验均拒绝模型无效的原假设，表明模型整体拟合度较好，可以用于实证分析。

---

① 感谢 William J. Burke 编写的开源 do 文件和 log 文件。关于 Cragg's Double Hurdle 的具体回归方法可参见：William J. Burke. Fitting and Interpreting Cragg's Tobit Alternative Using Stata [J]. *The Stata Journal*，2009，9（4）：584－592。

表 6 − 3 　　　　　　　　**Cragg's Double Hurdle 模型回归结果**

变量名		Tier1			
		系数	标准误	z 值	p 值
农产品销售价格		0. 1445	0. 1428	1. 01	0. 312
矮化栽培增量成本		0. 0061	0. 0194	0. 32	0. 752
产品市场固定交易成本	实物资产专用性	0. 0355	0. 0467	0. 76	0. 447
	人力资产专用性	1. 1718 ***	0. 2642	4. 43	0. 000
产品市场可变交易成本	运输方式	− 0. 0437	0. 2198	− 0. 2	0. 842
	销售地点	0. 1304	0. 2804	0. 47	0. 642
	结算方式	− 0. 1369	0. 1506	− 0. 91	0. 364
技术市场固定交易成本	距技术供给机构距离	− 0. 0062	0. 0091	− 0. 69	0. 491
技术市场可变交易成本	技术信息准确度	0. 3320 *	0. 1901	1. 75	0. 081
	技术交易协议方式	0. 3073	0. 3012	1. 02	0. 308
	技术交易议价情况	0. 1300	0. 1815	0. 72	0. 474
	交易违约情况	− 0. 0538	0. 2185	− 0. 25	0. 806
	技术资料供货方式	0. 5561 *	0. 2597	2. 14	0. 032
农户个体特征	风险态度	0. 0537	0. 1870	0. 29	0. 774
	农户种植规模	− 0. 0014	0. 0126	− 0. 11	0. 911
	合作组织参与	0. 1829	0. 2016	0. 91	0. 364
	户主受教育年限	0. 0230	0. 0355	0. 65	0. 517
	家庭非农收入	0. 0001	0. 0000	− 1. 5	0. 133
变量名		Tier2			
		系数	标准误	z 值	p 值
农产品销售价格		0. 3776 **	0. 1724	2. 19	0. 029
矮化栽培增量成本		0. 0393	0. 0249	1. 58	0. 115
产品市场固定交易成本	实物资产专用性	0. 1140 ***	0. 0376	3. 03	0. 002
	人力资产专用性	1. 4594 ***	0. 3867	3. 77	0. 000
产品市场可变交易成本	运输方式	0. 7488 ***	0. 2622	2. 86	0. 004
	销售地点	0. 2000	0. 3144	0. 64	0. 525
	结算方式	0. 3851 **	0. 1705	2. 26	0. 024

续表

变量名		Tier2			
		系数	标准误	z 值	p 值
技术市场固定交易成本	距技术供给机构距离	-0.0510 ***	0.0123	-4.06	0.000
技术市场可变交易成本	技术信息准确度	0.7312 ***	0.2448	2.99	0.003
	技术交易协议方式	0.5702	0.4004	1.42	0.154
	技术交易议价情况	-0.2117	0.2175	-0.97	0.330
	交易违约情况	-0.1595	0.2563	-0.62	0.534
	技术资料供货方式	-0.3184	0.2434	-1.31	0.191
农户个体特征	风险态度	0.8917 ***	0.2328	3.83	0.000
	农户种植规模	0.0906 ***	0.0161	5.63	0.000
	合作组织参与	-0.0040	0.2399	-0.02	0.987
	户主受教育年限	0.1133 ***	0.0419	2.7	0.007
	家庭非农收入	0.0001	0.0000	1.15	0.248

Number of obs = 1079
Log likelihood = -1340.3162
Wald chi (18) = 126.28
Prob > chi2 = 0.0000

注：***、**、*分别表示回归结果在1%、5%和10%的水平上显著。

从价格因素来看，农产品销售价格对农户矮化栽培技术程度有显著的正向影响（在1%的水平上显著），即苹果销售价格越高，农户扩大矮化栽培技术应用比例的倾向性越强。

矮化栽培的增量成本对农户是否采纳矮化栽培技术以及矮化栽培技术应用程度的影响不显著。其可能的原因在于，虽然劳动力成本快速上升的显示迫切需要推进以矮化集约栽培和省力化栽培技术为重点的栽培制度改革，但目前以政府果业部门、大学和农业龙头企业为推广主体的技术培训内容缺乏针对性。调查数据表明①，接受过政府技术推广机构技术培训的样本种植户中，有24.72%的农户获得过矮化集约栽培模式的培训，接受过农民专业合作社技术培训的样本种植户中，有22.56%的农户获得过矮化集约栽培模式的培训。农户为了采纳新技术付出了相应的学习成本，但目前缺乏针对性和系统性的技术培训内容限制了农户的技术学习效率，这是造成矮化栽培增量成本影响不显著的主要原因。

从产品市场的交易成本来看，实物资产专用性对农户是否采纳矮化栽培技术和矮化栽培技术的应用程度有显著的正向影响，人力资产专用性对矮化栽培技术的应用程度有显著的正向影响。其背后的经济学原理在于，果蔬等经济作物，特别是多年生经济作物对生产经营所需的固定资产投资要求与技术要求均高于粮食作物，且经济作物的实物资产专用性要求通常与人力资本专业性要求紧密结合在一起，表现为生产设施与农户的生产技术、经营管理等专业化水平相匹配。一定规模的专用性实物资产是农户进入要素市场和产品市场需要首先克服的门槛，加大专用性资产投资会显著提高农户的市场参与能力。

表征产品市场可变交易成本的运输方式和结算方式对农户技术应用程度有显著的正向影响。具体而言，与传统运输方式相比，采用机械化运输农产品的更倾向于采用矮化栽培这一新技术；与赊欠的结算方式相比，采用现金即时计算方式的农户更倾向于采用矮化栽培这一新技术。

距技术市场供给机构的距离对农户矮化栽培技术的采纳程度具有显著的负向影响。对于专业化苹果种植户而言，距离技术供给机构的距离越远，农户的技术可获得性越差，技术市场距离将对农户技术采纳决策形成明显的约束，对农户采纳新技术和大规模应用新技术具有"制动器"的作用。

表征信息成本的技术信息准确程度对农户是否采纳矮化栽培技术和技术应用程度都有显著的正向影响，即农户的技术信息了解程度越高、技术

---

① 相关数据来自国家苹果产业技术体系苹果产业经济研究室于2012年对全国苹果主产区开展的"苹果种植户技术选择与苹果销售行为"抽样调查。

市场信息对称性越强，农户越倾向于采用新技术。

　　表征谈判成本和执行成本的技术交易协议方式、技术交易议价情况、交易违约情况和技术资料供货方式对农户技术采纳行为影响不显著。可能的原因是，转型时期的农业技术市场具有明显的"私序"特点，农户对技术供给主体的信任、口碑效应在技术交易中具有重要作用，使得技术交易的合约执行依赖于"自我执行"，进而导致谈判成本和执行成本未对样本农户技术采纳行为构成约束。

　　在农户个体特征层次，农户风险偏好对农户技术应用程度有显著的正向影响，其经济学逻辑也是非常明显的，如果户主属于风险偏好型，那么他的决策目标就是实现利润最大化，能够提高产量和节约劳动力的新技术无疑对他们有极大的吸引力。为了追求经济利益，该群体将是新技术应用的先行者和示范户。这一结论具有重要的现实意义，对于技术推广者而言，风险偏好型农户应当是前期技术推广的主要目标主体。按照前文的技术扩散原理，技术推广主体可以对风险偏好型农户进行针对性地技术指导和培训，使其成长为新型技术的示范户，进一步发挥带头作用。

　　农户经营规模和农户受教育年限对农户技术采纳具有显著的正向影响。其经济学原理在于，在由传统农业向现代农业转型过程中，农业生产规模化、专业化是一个必然的趋势，只有实现了规模化，农户克服技术市场交易成本的能力就越强，技术市场的留住能力也越高，农户采用新的栽培技术进而实现比较收益的概率也越大。同样地，更长的教育年限意味着农户搜寻技术信息、加工技术信息的能力越强，因而采用新技术的概率越大。

6.6　本章小结

　　无论是古典经济家还是现代经济学家，均强调，技术在克服规模报酬递减、促进经济增长、增进生产者福祉方面具有极其重要的贡献。在欠发达经济和转型经济中，技术对于占人口绝大多数的农户而言，在反贫困、促进专业化生产和收入增长方面同样意义重大。而现阶段，中央与地方政府的产业科技政策之间，不同技术创新及推广主体之间，以及农户与各类技术创新、推广服务主体之间存在的矛盾和冲突，导致政府行为与市场调节的关系扭曲导致不同技术交易制度安排所产生的信息成本、谈判成本及执行成本存在差异，从而对农户技术选择行为产生了差异化的影响。由于农业技术市场发育相对滞后，技术交易成本成为制约农户要素稀缺诱致生技术选择行为的关键因素。

以此为背景，本章以要素市场中的技术交易为研究对象，以专业化农户技术采纳行为为研究内容，试图从交易成本的角度解释为什么中国苹果产业在劳动力价格持续上升的背景下，现实迫切需要以节约劳动力核心的矮化集约栽培技术，而该项技术的推广进度却远远滞后的经济学问题。为此，本章将农户技术采纳行为定义在是否采用新技术以及新技术的应用程度两个维度，构建了一个农户技术采纳理论模型。基于比较静态分析方法的分析可知，农户是否采纳矮化栽培技术以及矮化栽培技术的应用尺度这一二维技术采纳决策是关于农产品的销售价格、与矮化栽培技术有关的增量成本、产品市场固定交易成本、产品市场可变交易成本、技术市场固定交易成本、技术市场可变交易成本以及农户个体特征的函数。

在此基础上引入 Cragg's Double Hurdle 模型，并结合微观调查数据的实证检验证据表明，技术市场的固定交易成本限制了农户的技术可得性，农户离技术供给主体的距离越远，其获得技术的可能性越低。技术市场的可变交易成本中，信息成本对农户的技术采纳行为构成明显的约束作用，农户的信息对称性越强，其采纳新技术的概率就越大。在产品市场上，产品市场固定交易成本和可变交易成本对农户技术采纳行为的影响显著，多年生经济作物对生产经营所需的固定资产投资要求与技术要求均高于粮食作物，且经济作物的实物资产专用性要求通常与人力资本专业性要求紧密结合在一起，表现为生产设施与农户的生产技术、经营管理等专业化水平相匹配。一定规模的专用性实物资产是农户进入要素市场和产品市场需要首先克服的门槛，加大专用性资产投资会显著提高农户的市场参与能力。

第7章 专业化农户农产品市场参与行为分析

在本书的第4章和第5章，分别以农地和技术两种要素为典型案例，研究了交易成本对农户农地市场参与行为和新技术采纳行为的影响。接下来，本章将焦点转向农户的产品市场行为，以第3章的理论分析为基础，仍然运用实证研究方法，验证"在产品市场上，固定交易成本和可变交易成本直接影响农户的收入，导致农户的效用曲线向左移动。同时，如果农户出售农产品获得的生产者剩余完全补偿为参与市场付出的可变交易成本时，农户将成为农产品的出售者；如果农户购买农产品获得的消费者剩余大于为参与市场付出的可变交易成本，农户将成为农产品的购买者"的总体假设。

7.1 引 言

农户市场化问题与缩小城乡差距、削减贫困等世界难题紧密相关（Hazell et al.，2007），因为农户的市场化参与程度与其收入水平呈现出双向因果关系（章元，2012a）。但在参与市场竞争过程中，农户经营规模小及经营分散、自组织化程度低及治理结构不规范等属性，决定了交易成本成为新阶段阻碍农户与组织化市场的有机结合的主要障碍。也就是说，由于区域位置、技术装备水平、市场信息供给和市场组织体系建设等方面的制约，农户要想进入市场、参与市场分工，面临的首要难题就是克服交易成本这一阻碍农户与农产品市场结合的摩擦力。

具体而言，现代农产品流通体系与传统的社会网络、制度安排的契合度日益下降，提高了农户参与市场的成本，当农户面临的交易成本超过自身可能获得的生产剩余时，农户不会进入市场（Sadoulet et al.，1995）。在固定交易成本和可变交易成本的共同作用下，农户的理性选择可能是自给自足而非市场化（Bellemare et al.，2006）。经验研究证明，固定交易成本将决定农户是否进入市场，而可变交易成本则决定了农户的市场进入程度（Jagwe et al.，2010）。农户对于是否进入市场的决策一般发生在生产和消费决策之前，且农产品销售的地点也与交易成本高度相关（Takeshima，2010）。在此基础上，将一个农业产业内的农户作为整体进行考察，可以发现交易成本对农产品市场总需求、总供给和市场存量有显著影响。对非洲国家的研究表明，交易成本将减少农产品市场存量，降低农产品的需求和供给弹性（Minot，1999）。Bowen 和 Jones（1986）将交易成本对农户市场参与行为的影响过程描述为：农户根据一个特定的农产品价格决定是否参与市场，之后便是寻找买者。寻找中意的买者所耗费的时间越长，搜寻成本将越高。额外的搜寻成本可能抵消农户预期获得的生产者剩余。

基于这种认识，众多学者将新古典经济学和交易成本经济学结合起来，构建起一个分析框架，并从理论和实证两个维度考察交易成本对农户市场参与行为影响的机理，例如，Goetz（1992）运用离散选择模型研究塞内加尔地区农户的谷物市场参与行为。Key、Sadoulet 和 Janvry（2000）发展了一个考虑固定交易成本和可变交易成本的农户供给反应模型，通过比较静态分析求解出决定农户市场角色（农产品销售者、购买者、自给自足者）的阈值，并基于来自墨西哥的农户微观数据进行了实证检验；Holloway、Barrett 和 Ehui（2005）运用贝叶斯 Double – Hurdle 模型和埃塞俄比亚奶农的微观数据分析证明，如果固定交易成本非负，那么存在非零删失。Bellemare 和 Barrett（2006）通过排序 Probit 模型实证分析肯尼亚和埃塞俄比亚农户的市场参与行为，并认为固定交易成本阻碍了农户的市场化进程。与前述研究类似，Barrett（2008），Momamo（1998），Randela、Alemu 和 Groenewald（2008），Rebkow、Hallstrom 和 Karanja（2004），Alene

等（2004），Maltsoglou 和 Tanyeri – Abur（2005）等的理论和实证研究也证明，交易成本已成为影响农户市场参与程度和市场化水平最重要的因素。

可以看出，已有研究基本上是围绕非洲或拉美地区的欠发达国家和地区展开，当将目光聚焦于中国问题的相关研究时，转型与发展中大国的特征就使问题变得复杂而独特。"转型"说明农业"市场化"的力量不容忽视，"发展"意味着从传统城乡二元经济向现代一元经济转变，而"大国"则预示着中国农村市场化的进程必然是在地区农业产业间差异巨大的初始状态下展开的（陈钊和陆铭，2009）。在这种背景下，针对中国农村市场化问题为数不多的研究成果主要集中于农户的市场化水平与农村反贫困关系的研究。例如，章元等（2009b，2010c）从微观视角构建农户收入最大化模型和农户参与市场程度的度量指标，研究发现更多地参与市场能够显著地降低农户陷入贫困的概率，但不同的农户分享到的市场化的好处并不相同。针对专业化农户，本章需要回答两个问题：一是什么力量和因素决定了农户的市场参与行为；二是什么因素决定了农户的市场参与程度。

7.2　交易成本对农户市场参与的影响路径及实证模型设计

7.2.1　交易成本对农户市场参与的影响路径

令农户目标函数为：

$$\max U = U(C, H^c) \tag{7.1}$$

式（7.1）中，C 表示农户自己生产的，可供自身消费或出售的农产品；H^c 表示农户的资产结构、家庭特征。那么，考虑交易成本在内的收入约束条件为：

$$\sum \left[kp_k^s - t_{vk}^s(H_t^s)\tau_k^s \right] + \left[p_k^s + t_{vk}^b(H_t^b)\tau_k^b \right] S_k - t_{fk}^s(H_t^s)\tau_k^s - t_{fk}^b(H_t^b)\tau_k^b + E \geq 0 \tag{7.2}$$

式（7.2）中，p_k^s 表示农产品 k 的市场价格，S_k 表示农产品 k 的销售数量。且存在，如果 $S_k > 0$，那么 $\tau_k^s = 1$；如果 $S_k \leqslant 0$，那么 $\tau_k^b = 1$；H_t^s 和 H_t^b 分别表示影响销售农产品时的交易成本（t_{vk}^s）和购买农产品时的交易成本（t_{vk}^b）的因素。t_{vk}^s 和 t_{vk}^b 分别表示在销售和购买农产品过程中不可观测的固定交易成本，分别是 H_t^s 和 H_t^b 的函数，E 表示其他收入。

进一步而言，农户的生产函数可以表述为：

$$G = G(q, I, H^z, M, \Omega) \tag{7.3}$$

式（7.3）为二次可微的凸函数。q 表示农户的产出；I 表示生产中的要素投入；H^z 表示影响农户生产决策的因素；M 表示农户的固定投入要素，如土地等；Ω 是一组表征区位、市场发育程度的变量。

那么，农户面临的要素均衡约束条件为：

$$q_k - I_k + A_k - S_k - C_k = 0, \quad k = 1, \cdots, N \tag{7.4}$$

式（7.4）中，A_k 表示农户在市场购买的农产品 k 的数量，C_k 表示消费的农产品 k 的数量。在一个生产周期内，由于 k 产品的产出 q_k、投入 X_k 和消费 C_k 可能为 0，但不可能为负值，因而需要对式（7.4）施加一个非负的约束条件，即：

$$C_k, q_k, X_k \geqslant 0 \tag{7.5}$$

在上述条件下，农户面临的决策问题是在给定固定交易成本和可变交易成本的前提下，基于福利最大化的目标来选择是否参与农产品市场，那么相应的拉格朗日函数就可以表述为：

$$L = U(C, H^c) + \sum_{k=1}^{N} \eta_k(q_k - X_k + A_k - S_k - C_k) + \varphi G(q, I, H^z, M, \Omega) +$$

$$\lambda \sum_{k=1}^{N} \left[(p_k^m - t_{vk}^s(H_t^s))\tau_k^s + (p_k^m + t_{vk}^b(H_t^b))\tau_k^b \right] S_k - t_{fk}^s(H_t^s)\tau_k^s - t_{fk}^b(H_t^b)\tau_k^b + E$$

$$\tag{7.6}$$

式中，η_k、φ 和 λ 分别是要素均衡约束、生产技术约束和现金流约束的拉格朗日乘子。依据 Key 等（2000）的研究，式（7.6）的求解需要通过两个步骤解决。首先，要确定农户参与市场的最优条件，再确定福利最大化条件下农户的市场参与程度。

根据库恩—塔克定理，式（7.6）的一阶条件为：

$$\frac{\partial U}{\partial C_k} - \eta_k = 0 \qquad (7.7)$$

$$\eta_k + \varphi \frac{\partial G}{\partial q_k} = 0 \qquad (7.8)$$

$$-\eta_k + \varphi \frac{\partial G}{\partial I_k} = 0 \qquad (7.9)$$

$$i = \{ i \mid S_k \neq 0 \} \qquad (7.10)$$

$$-\eta_k + \lambda \left[(p_k^s - t_{vk}^s) \tau_k^s + (p_k^s + t_{vk}^b) \tau_k^b \right] = 0 \qquad (7.11)$$

由式（7.10）可以得出农户市场参与决策价格：如果 $S_k > 0$，农户将成为农产品的出售者，且其面临的决策价格为 $p_k = p_k^s - t_{vk}^s$；如果 $S_k < 0$，农户将成为农产品的购买者，$p_k = p_k^s + t_{vk}^s$；如果 $S_k = 0$，农户将选择自给自足，$\hat{p}_k = \eta_k / \lambda$。在农产品销售过程中，农户的决策价格包括了可变的交易成本。如果农户是自给自足的，那么其决策价格就成了一个不可观测的影子价格 η_k / λ。在这里，农户的市场参与决策可以视作一种典型的选择行为，即在考虑可变交易成本和固定交易成本的基础上，选择能给自身带来最大效用的行为。上述三种情形相应的农户间接效用函数可以表示为：

（1）农户作为农产品的出售者：

$$V^s = V_k \left[p_k^s - t_{vk}^s, \ y_0 (p_k^s - t_{vk}^s) - t_{fk}^s, \ H^c \right] \qquad (7.12)$$

（2）农户作为农产品的购买者：

$$V^b = V_k \left[p_k^s + t_{vk}^b, \ y_0 (p_k^b + t_{vk}^b) - t_{fk}^b, \ H^c \right] \qquad (7.13)$$

（3）农户选择自给自足：

$$V^a = V_k \left[\hat{p}_k, \ y_0 (p_k), \ H^c \right] \qquad (7.14)$$

在式（7.12）~式（7.14）中，y_0 表示农户对农产品在 p 价格水平下进行决策获得的收入。那么，将考虑交易成本在内，农户的农产品供给反应函数为：

$$q = s (p_k^s - t_{vk}^s - t_{fk}^s, \ H^c, \ M, \ \Omega) \qquad (7.15)$$

就农户的供给反应函数而言，固定交易成本并不影响其供给曲线，但是会影响农户的市场参与决策。在本章中，我们假定，一旦农户决定成为市场上的购买者或销售者，那么影响供给决策的唯一因素就是农产品生产的边际报酬。考虑到固定交易成本的存在，农户只有在决策价格可以有效地抵消固定交易成本之后，才会决定销售自己的产品。

7.2.2 模型选择与变量设定

式（7.2）已经说明，农户的市场参与决策取决于固定交易成本和可变交易成本两个方面，而参与程度则取决于可变交易成本。而本节的实证检验，本章将主要侧重于对农户作为农产品销售者市场行为特点的检验，因而式（7.15）可以具体化为：

$$q^{s*} = p^s \beta_s + H_t^s \beta_t^s + H^c \beta^c + M \beta^m + \Omega \beta^\Omega + u \qquad (7.16)$$

而农户生产农产品的临界函数为

$$\underline{q}^s = H_t^s \alpha_t^s + H^c \alpha^c + H^d \alpha^d + M \alpha^m + \Omega \alpha^\Omega \qquad (7.17)$$

式（7.17）中，H_t^s 表示影响农产品销售环节的交易成本，H^c 表示影响农户农产品生产的因素，H^d 表示影响农户农产品消费的因素，α 表示相应变量的系数。结合式（7.16）和式（7.17）有：

$$q^{s*} > \underline{q}^s \equiv \Pr(Y=1) = X_i \beta_i + u \qquad (7.18)$$

式（7.18）表明，如果 $q^{s*} > \underline{q}^s$，那么农户将选择参与市场，成为农产品的供给者。考虑农户的市场参与程度 m_i，由式（7.2）可得：

$$m_i = f(p^s, \ p^b, \ t_{vc}^s H^s, \ t_{fc}^s H^s, \ t_{vc}^b H^b, \ t_{fc}^b H^b, \ M, \ \Omega) \qquad (7.19)$$

式（7.19）中，借鉴了 Birthal 等（2013）的研究思路，由于劳动密集型产品（如水果、蔬菜等经济作物）属于完全商品化和市场作物，因而可以用 m_i 作为农户生产经济作物的经营面积在农户拥有土地面积中的比重来刻画农户的市场化程度，H 表示影响农产品销售和购买环节的交易成本的因素。为进行实证检验，本章将应用线性方程式（7.19），即：

$$m_i = \sum_{i=1}^{N} (X_i\beta + u_i) \qquad (7.20)$$

式（7.20）中，β 表示回归系数，u_i 表示随机误差项，X_i 表示影响农户市场参与程度的变量，主要包括资产专用性、距市场的距离、农产品销售地点、运输状况、要素价格等因素，这些变量定义与赋值以及预期的影响方向如表 7 –1 所示。

表 7 –1　　　　　　变量解释及其对被解释变量的影响预测

变量名		指标	含义与赋值	作用方向
因变量		苹果园面积比重	百分比	
自变量	资产专用性	农用拖拉机价值	元	+
		农用三轮车价值	元	+
		旋耕机价值	元	+
		打药机价值	元	+
		割草机价值	元	+
		灌溉设备价值	元	+
		沼气池价值	元	+
		苹果园种植年限	年	+
	距市场的距离与运输方式	距离市场的距离	千米	–
		是否使用卡车运输	是 =1；否 =0	+
		是否使用农用车运输	是 =1；否 =0	+
		是否使用人力车运输	是 =1；否 =0	+
		是否使用畜力车运输	是 =1；否 =0	+
		是否人力运输	是 =1；否 =0	+
	销售地点	是否在果园里销售	是 =1；否 =0	+
		是否在家门口销售	是 =1；否 =0	+
		是否在本村果品站销售	是 =1；否 =0	+
		是否在其他地点销售	是 =1；否 =0	+
	要素价格与产品价格	每亩苹果园租赁价格	元/亩	–
		农忙时间雇工价格	元/人/天	–
		上一年苹果销售平均单价	元/斤	+
	付款方式	农产品销售的付款方式	1 = 欠款；2 = 部分现金；部分欠款；3 = 全部现金	–

（1）实物资产专用性。研究证明，随着农户生产经营规模扩大，要求一定的生产性投资与之相适应，但扩大的固定资产存量又会引导农户进一步加大投资力度，从而使得专业化生产的农户的物质资产专用性进一步加强（刘荣茂和马林靖，2006）。就苹果种植户而言，果园建设投资的专用性明显高于大田作物。同时，专业化生产会提高农业生产的效益和效率，但相应的专用性资产投资会增加交易成本、市场风险以及不确定性（罗必良等，2008）。农户将在两难选择中相机做出针对市场化问题的决策。

（2）产地距最近农产品市场的距离与运输方式。农产品到最近市场的距离和运输方式可以用于表征农户对市场信息可得性及农产品销售过程中的运输成本。由于中国的苹果优生区地形属于丘陵区和高原沟壑区，基础设施较为落后，村级道路和田间道路路况较差，经营规模较大的农户出售苹果往往需要雇佣劳动力，使用农用车、畜力车甚至是人力等交通工具，将苹果周转到公路或果品收购商集中装运点。这加大了农户的合约执行成本，进而对农户的市场化行为产生了负面影响。

（3）农产品销售地点。由于地域、区位和市场发育水平的限制，农户将农产品运输至农产品批发市场直接销售给消费者需要克服较高的交易成本（侯建昀和霍学喜，2013）。为节约交易成本，农户一般需要根据农产品的价格波动状况和自身的资源禀赋有针对性地做出反应，选择在果园、家门口、本村果品站、其他地点等销售自己的农产品。

（4）要素价格与农产品价格。在一定的技术经济条件下，要素价格和农产品价格共同决定农户的生产经营规模和要素配置状况。要素价格和农产品价格将引导农户决定将资本、劳动力、土地等要素配置于农业生产或非农产业。另外，在追求准租金最大化的农产品交易中，要素价格、产品价格与农户的准租金息息相关（文启湘和陶伟军，2001）。因此，农业生产中的要素价格和产品价格将会影响农户的农产品生产决策和销售决策。

（5）农产品交易结算方式。在市场规制缺位的环境中，运用法律工具的成本奇高（Fafchamps，2004），一旦农户遭遇付款延迟或拒不付款等行为，农户的生存和发展将受到极大的影响。为了规避违约风险，在信用环境较差的情况下，存在欠款和经常性违约，监督和执行成本超过市场进入成本，那么农户出于风险规避的考虑，将降低市场化参与程度，甚至选择自给自足。

7.3　交易成本对农户市场参与行为影响的实证分析

为了验证第 7.2 节中提出的研究假设，本节运用 Stata 11.0 软件对式 (7.20) 进行回归分析，具体拟合结果见表 7 - 2。从表 7 - 2 中报告的结果来看，F 检验在 1% 的显著性水平上拒绝了原假设，模型的整体拟合结果比较理想，可以用于实证分析。

表 7 - 2　　　　　　　　　　　模型回归结果

	自变量	系数	标准误	t 值	p 值
资产专用性	农用拖拉机价值	− 0.0041	0.0034	− 1.18	0.2370
	农用三轮车价值	0.0055	0.0033	1.61	0.1090
	旋耕机价值	0.0015	0.0029	0.5	0.6200
	打药机价值	− 0.0009	0.0048	− 0.19	0.8530
	割草机价值	0.0102 ***	0.0039	2.54	0.0110
	灌溉设备价值	− 0.0037	0.0030	− 1.18	0.2370
	沼气池价值	0.0085 *	0.0048	1.74	0.0820
	苹果园种植年限	0.0345 **	0.0155	2.88	0.0040
距市场的距离与运输方式	距离市场的距离	− 0.0003 *	0.0002	− 1.91	0.0570
	是否使用卡车运输	0.0616	0.0788	0.77	0.4430
	是否使用农用车运输	− 0.0594	0.0577	− 1.01	0.3130
	是否使用人力车运输	− 0.1308 *	0.0754	− 1.7	0.0890
	是否使用畜力车运输	− 0.3152 **	0.1456	− 2.12	0.0340
	是否人力运输	− 0.1051 **	0.0452	− 2.28	0.0230

续表

自变量		系数	标准误	t 值	p 值
销售地点	是否在果园里销售	0.1907 ***	0.0617	3.03	0.0030
	是否在家门口销售	0.1668 ***	0.0490	3.37	0.0010
	是否在本村果品站销售	0.1649 ***	0.0481	3.34	0.0010
	是否在其他地点销售	0.1406 ***	0.0533	2.59	0.0100
要素价格与产品价格	每亩苹果园租赁价格	− 0.0001 *	0.0000	− 1.88	0.0610
	农忙时间雇工价格	− 0.0017 ***	0.0005	3.49	0.0010
	上一年度苹果销售平均单价	0.0044 ***	0.0015	2.88	0.0040
付款方式	农产品销售的付款方式	− 0.0357 **	0.0150	− 2.38	0.0180
F 值		4.69			
R^2 值		0.1372			

注：*** 、** 和 * 分别表示估计系数在 1%、5% 和 10% 的水平上通过显著性检验。

（1）资产专用性对农户市场化行为的影响。表征实物资产专用性的变量中，"割草机价值""沼气池价值""苹果园种植年限"三项的回归系数分别在 1%、10% 和 5% 的水平上通过了显著性检验，且对农户的市场化水平呈正向影响，与预期的结果一致。主要是因为上述三种资产的专用性水平高于其他类别，在一定的生产周期内，转向其他用途的可能性极小。从作物栽培属性的角度来看，苹果生产技术比一般的粮食作物和经济作物更为复杂，所包含的资产专用性也相对较强，所需的实物资产较多，对固定资产投资规模的要求较高，整个生产过程中涉及的生产知识和技术操作具有复杂性特征，相关知识和经验不易被掌握。因此，行业的进入门槛较高。

在我国农业产业纵向一体化和服务社会化发展滞后的条件下，对小规模生产的农户而言，资产专用性的特点决定了较强的实物资产专用性的规制结构为新古典型契约关系。这也就意味着农户专业化生产市场风险将完全由农户独自承担。当生产专业户经营达到一定规模时，至少生产专业户对专用地点投入较多时，专业户为了增强抵御实物资产专用性带来的经营风险的能力，农户将通过加大投资力度和经营规模的方式，增强在市场上的"进入能力"和"留住能力"，并且有机会将经济组织规制结构为三方规制结构、双方规制结构，甚至是一体化组织，即农户专业化生产市场风险将可能由不同的利益主体分担。

（2）距市场的距离与运输方式对农户市场参与行为的影响。"农户距市场的距离"变量的回归系数在10%的的水平上通过检验，且影响为负，这也验证了本章的理论假设。距市场的距离对农户市场化行为的影响主要有：随着农户距市场距离的增加，农户对产品市场和要素市场信息的可获得性下降，面临的生产风险和市场风险将显著增加。由于中国农户的经营规模普遍较小，抵御风险的能力和市场的"留住"能力较低，在这种背景下，降低市场参与程度成为理性选择。另外，由于中国苹果主产区的地形以丘陵、高原和山地为主，基础设施相对落后，村级道路路况较差。本章调研数据显示，黄土高原优生区的样本村平均拥有水泥路长度为4.13千米，环渤海湾优生区的样本村平均拥有水泥路长度为5.58千米。在这种条件下，距离市场的距离越远，农户在交易中付出的执行成本越高，获得的生产剩余相对越低。

表征"采用的运输方式"变量中，"采用人力车运输""采用畜力运输""采用人力运输"三个变量的回归系数分别在10%、5%和5%的水平上显著。这充分说明，在加快农业发展转型时代，采用畜力、人力等落后的运输方式不仅降低了生产效率和交易效率，更重要的是降低了农户从事农业生产的效用和福利，因而对农户市场化行为具有负向影响。

（3）销售地点对农户市场化行为的影响。表征销售地点的四个变量的回归系数均在1%的水平通过显著性检验，且回归系数分别为0.1907、0.1668、0.1649和0.1406，呈现出梯次下降的趋势，也就是说随着销售地点离农户居住地距离的增加，对农户的市场参与行为呈现出梯次下降的特点。正如前文的理论分析，农产品销售地点对农户的影响表现为两个方面：一方面，销售地点离农户的生产地和居住地越近，农户为农产品销售支付的执行成本就越低，因而参与市场的动机和意愿就越强；另一方面，销售地点靠近农户的居住地，在熟人机制的作用下，有助于农户获得更多的价格信息和市场信息，同时有助于改善农户在议价过程中的劣势地位。

（4）要素价格与产品价格对农户化行为的影响。"每亩苹果园租赁价格"变量的回归系数在10%的水平通过显著性检验，具有统计学意义上的显著性，但回归系数接近零，其中原因是，在农业生产过程中大部分要素尤其是土地的价格弹性非常低，因而对价格的作用很不敏感，构成了对要素的刚性需求，因而在本章研究中表现为不具有经济显著性。"农忙时节雇工价格"变量的回归系数在1%的水平通过显著性检验，但系数较小。由于中国的农业从业劳动力供给具有农业劳动力总量供给过剩与季节性、周期性短缺共存的特点，而苹果属于典型的劳动密集型产业（王静等，2012），在农忙时节的劳动力需求属于刚性需求，进而导致劳动力的雇工价格对农户市场参与的影响较小。"上一年度苹果销售价格"变量的回归系数在1%的水平通过显著性检验，且为正。这说明农户的生产和销售决策是在价格信息不完全对称的情况下做出的，农户的生产和销售决策的一个重要依据是根据前期的价格和对未来价格的预期进行决策。

（5）结算方式对农户市场化行为的影响。表征结算方式的"农产品销售的付款方式"变量回归系数在5%显著性水平通过显著性检验，且为负。这说明农产品交易过程中拖欠的比例越大，农户的市场化参与程度越低。此外，农村市场的法制化和规范化进程远远落后于现实需求，市场规制建设和法制建设供给严重不足（Fafchamps et al.，2003），当农户遇到抵赖或敲竹杠时，运用法律手段维护自身权益的成本极高，因此，出于风险回避的考虑，现金交易成为理性选择。

7.4 本章小结

本章以新制度经济学原理为基础，发展了包含交易成本的农户模型。采用来自苹果主产区的农户微观数据，针对交易成本、资产专用性、要素价格、产品价格对农户市场选择行为机理及其参与程度的影响进行了检验。结果表明，资产专用性将提高农户的交易成本、市场风险和不确定性，因此，农户一个可能的选择是扩大经营规模，增强市场的进入能力和"留住"能力；距市场的距离对农户的市场化参与程度有显著的负向影响；农产品的运输方式对农户的市场化程度有显著影响，且呈现出梯次降低的特点。表征要素价格的"每亩苹果园租赁价格"和"农忙时节劳动力雇工价格"变量的回归系数具有统计显著性，但不具有经济显著性；农产品的结算方式对农户的市场化程度有显著影响。

本章研究结论的政策启示为：降低农户的交易成本应该是推动农户参与市场，实现小规模农户与大市场对接的有效举措。具体而言，一是推进劳动密集型种植业生产的纵向一体化，通过利益共享和风险共担的一体化机制来节约交易主体的交易成本，同时规范一体化法律法规，保障当事人利益。二是着力加强以农民合作组织的新型农业产业组织体系创新，优化政府支持模式，提高政府扶持效率。三是加强横向多元化规范和服务社会化机制创新，提高农户的市场参与程度和专业化水平。

第8章 专业化农户农产品销售
渠道选择行为分析

第7章实证分析了交易成本对农户市场参与的影响。在此基础上，本章的目的是，进一步分析农产品进入流通体系，实现产权转移过程中的交易成本对农户农产品销售行为的影响。由于农产品进入流通组织体系，实现产权转移过程的交易成本已成为新阶段制约小农户与组织化市场结合的重要问题。在城乡经济转型过程中，农户尤其是从以经营粮食种植为主的生产转向高价值或增值农产品（如蔬菜、水果、畜产品）生产的农户，进入市场化体系面临着日益强化的流通约束。在这种背景下，促进小农户与大市场之间有机结合，保障农产品从"田间"到"餐桌"的顺畅流动是学术界长期关注的重要科学问题。研究这一问题对于促进农产品增值和农民增收，提高农户市场化水平，降低农户市场风险，满足城乡居民多样化、个性化的食品需求，推动现代农业发展都具有重要的理论意义和现实意义。

8.1 农产品销售的现实困境

近年来，城乡居民收入持续增长、消费结构转型，食物结构日趋多样化，以水果、蔬菜、肉类、禽类、奶制品等为代表的高价值农产品需求迅速增长，大量农户从种植粮食转向高附加值农产品生产，获得了巨大的市场机遇和增收前景。但随着农产品供需状况由总量短缺转变为供求基本平衡、丰年有余的态势，农产品卖难、过剩问题日益凸显，农产品阶段性、区域性、结构性相对过剩成为普遍现象，鲜活高价值农产品如水果、蔬菜等尤甚。令人困惑的是，一方面，农产品供给维持着相对过剩的态势，另一方面，需求方的"买难"问题接连涌现，引起了社会的共鸣，农产品"买难卖难"问题"过山车式"地交替出现即是明证。学界对农产品"买难卖难"问题的一个基本共识是，流通渠道不畅是造成这一困局的直接原因。与粮食作物相比，鲜活农产品具有易腐烂、难储存、对储运条件要求高、流通主体的专用性资产投资总量大、资产专用性强等特点，因而"买难"和"卖难"问题在高价值鲜活农产品流通领域较为常见。

学界对于农产品流通上游环节的"农户 + 合作社""农户 + 中间商"等市场组织结构给予了高度关注。从农户的视角来看，生产和销售两个环节共同决定了农户从事农业生产的效益和效率，农户在销售环节的决策直接关系到农户的福利水平。因此，交易成本经济学为研究农户销售渠道的选择提供了一个很好的理论分析视角。

8.2　苹果销售渠道的分布结构与特点

8.2.1　销售渠道分布结构

苹果是我国生产面积最大、产量最高的水果，也是为数不多地在国际市场上具有比较优势和竞争力的农产品。栽培苹果的地域广泛分布于我国北方从沿海到内陆的广大地区，且农户的生产规模相对较小，产品流通特征和流通规律对于研究我国鲜活高价值农产品流通具有较强的代表性。

根据本书的调查数据，可以将鲜食苹果流通渠道的分布结构归纳为如图 8 - 1 所示。依赖于产地市场和销地市场、以苹果经纪人为核心的传统流通模式仍占主导地位，占比达 85.5%；由苹果种植户直接出售给消费者的直销模式占 6.2% ；以合作社为中介、连锁超市和零售商为核心的现代流通渠道，包括中介流通、定向流通、直采流通等三种流通模式合计占比 5.4% ；以龙头企业为核心，形成"龙头企业 + 基地 + 农户"一体化的销售模式占比例最低，为 1.4% 。

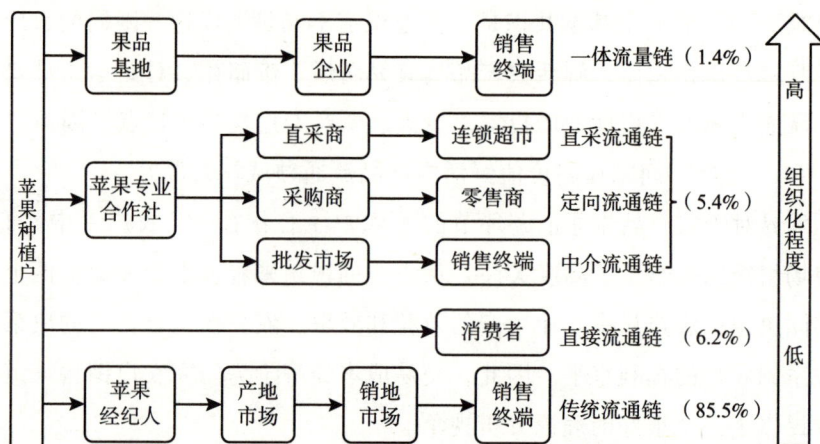

图 8 - 1 鲜食苹果销售模式分布

注：本图借鉴了刘普合等（2010）的思路，括号中的数字表示相应流通模式在总样本中所占的比重，由本书的实地调查数据计算所得。

8.2.2 苹果销售渠道的运行机理

8.2.2.1 "苹果种植户 + 苹果经纪人"的传统流通模式

以苹果经纪人为核心的流通模式，属于商品经济诞生以来最古老的产品流通方式之一，是一种自发式的、无序的、小规模的、占主导地位的流通方式。在苹果种植小规模生产的背景下，随着现代市场变革加速，小农户与大市场的矛盾日益凸显，需要大量从事苹果流通的主体来衔接生产者与销售者，实现小生产与大市场的有效对接，因而孕育了大量的农产品经纪人。改革开放以来，据中国农产品流通经纪人协会调查统计，目前在全国已经形成一支 600 多万人的庞大队伍。

这种模式的主要特点是，主体之间的关系仅仅是简单的交易关系，产权关系和责任关系不清晰，主体间的竞争多于协同，协作程度低，不仅导致信息失真，无法引导农民生产，而且大量小规模的农产品物流主体导致农产品流通环节多，流通成本高和物流损耗大。再加上销售环节多、产品可追溯性和监管性差，因而容易出现食品安全问题。

在复杂多变的市场经济条件下，与农户直接参与市场流通相比，农产品经纪人既具有丰富的交易经验和交易技巧，又拥有集中的市场信息，信息对称性强，搜寻成本低，因而可以比较顺利地开展中介业务，以理想的价格、最短的时间沟通交易，从而大大加快了农产品流通的过程，来自非洲欠发达国家的经验也证明了这一点（Eleni，1999）。

8.2.2.2　"苹果种植户 + 消费者"的直接流通模式

直接流通模式是指在靠近苹果产地的城市近郊、乡村结合部等地区的苹果种植户，在庭院、路边、早市、路边站点等地设立的自选式苹果流通渠道。直接流通模式与市场销售相比，由于苹果种植户可以不经过中间环节，直接将鲜苹果出售给消费者或用户，流通费用较低，可以以低于市场销售的价格进行销售，具有显著的价格优势，但实际获得的收入却明显高于市场销售所得的收入，市场竞争力增强，对生产者和消费者是双赢的结局。

对于苹果种植户而言，直销渠道的进入门槛和退出门槛较低，享有较大的决策自由度，与其他流通渠道相比，对产品的规格和数量的标准要求不严格，受现代流通模式排斥的老龄化或小规模苹果种植户，通过自身努力也可以扩大销售。此外，在以批发市场、连锁超市、龙头企业为中心的果品流通体系中，女性劳动者常被视为从属和辅助的角色，而在直销流通模式中，女性劳动者有平等的机会发挥自己的能力，从辅助的角色转变为经营者角色。

直接流通模式的缺点在于，区域位置限制是无法克服的"瓶颈"。由于该流通模式对果农所处地理位置和信息水平要求高，再加之交易具有随机性，流通主体间组织性差，运输成本高，因而难以大范围推广，对苹果流通格局影响很小。

8.2.2.3 "苹果种植户＋专业合作社＋批发市场"的中介流通模式

在以专业合作社为中介，批发市场为核心的中介流通模式中，苹果批发交易市场是一个苹果集中进行现货批发交易的场所，可以满足买卖各方扩大运销规模和交易空间、节省交易成本的要求，是解决果农小生产与大市场矛盾的重要途径，也是苹果进入市场的"桥梁"，在我国苹果流通组织中，属于发展较快的一类。在苹果主产区，许多县市建立起了辐射县域范围、区域范围的专业化苹果批发市场，例如，陕西洛川县苹果批发市场、山东栖霞市苹果批发市场等，在苹果流通中发挥了重要作用。

批发市场为核心的流通模式为苹果进入区域市场提供了可能，为产地和销地之间的供需双方搭建起了流通的"桥梁"，同时也能起到促进苹果生产发展、分散市场风险的作用。随着苹果批发市场的不断成长，进入市场交易的各批发商的经济实力也日益增强，每一个批发商都有自己固定的货源基地，从而在其不断将苹果销售出去的同时，也大大刺激了各基地县苹果生产的发展。

这种模式的缺点在于苹果批发市场信息管理功能和质量安全监测能力分散，经营设施、交易手段相对落后，服务功能单一，信息网络建设不足，以现货交易为主，责任关系不清晰，市场组织的功能薄弱。此外，"十二五"期间，国家政府部门和苹果主产区地方政府部门更加重视苹果流通基地的建设，给予了财政政策和金融政策方面的扶持，但在批发市场的节点选择上忽视了苹果交易的历史惯性，再加之经营管理水平等制约因素，导致已建成的某些区域性苹果物流批发中心并未发挥出应有作用，限制了该种模式的流通绩效。

8.2.2.4 "苹果种植户＋专业合作社＋采购商＋零售商"的定向流通模式

定向流通模式是指采购商通过合作社实现与生产环节的对接，直接为下游零售提供可供销售的鲜食苹果，带动整条流通渠道的良性循环。采购商可以与专业合作社签订有效的协议，保障生产者的利益。该模式中，各环节的分工进一步深化，专业化水平进一步提升。苹果种植户的职能是负责指定规格苹果的生产，采购商负责苹果的收购、储运和向终端输送，果农不再与下游组织直接订立契约，而由苹果专业合作社这一苹果种植户的自组织，代替分散的果农，与采购商签约，建立起生产者和采购商之间的桥梁与纽带。一方面，专业合作社通过远期契约或当期契约与下游收购商确定苹果的规格、数量和品质；另一方面，专业合作社与上游的苹果种植户衔接，为其提供技术指导和农资服务。在采摘后，对苹果进行检验、分析、收购、短期储存，并将企业的收购款分发给苹果种植户。

这种模式的优点是，专业合作社代替果农与下游组织签约，规模效应一方面增强了苹果种植户的谈判能力，另一方面也有助于矫正由于流通主体间的权力失衡和主体错位，降低了契约的数量，从而节约了缔约成本。在合作社内部，非正式的关系治理可以作为有效的制度安排，约束农户的违约行为。

8.2.2.5　"苹果种植户＋专业合作社＋直采商＋连锁超市"的直采流通模式

"苹果种植户＋专业合作社＋直采商＋连锁超市"的直采流通模式即是所谓的"农超对接"模式。在苹果产业中，这种模式的基本形式是大型超市与专业合作社签订远期合同，由合作社负责组织苹果生产，并收购符合相应规格和品质的苹果并短期储存，之后由直采商负责运输和检验，超市只负责销售环节，属于市场化的对接模式。

该模式的优点在于，省去了众多的中间环节，节约了流通成本，获得了超市、消费者、苹果种植户的多赢效果。同时对苹果的品质、规格、安全性等都有严格把控，产品追溯性强，食品安全问题的风险较小。同时，能够保障物流、资金流、信息流的稳定。

从实地调查结果来看，该模式的缺点在于，首先，权力结构严重不对称，农民专业合作社与连锁超市的谈判过程中缺少话语权，权责不对等。

其次，合作社承担的市场风险较高，且缺乏转移风险的有效手段。例如，合作社向连锁超市的供货属于阶段性多次供货而非一次性供货，这样必然要求合作社对已收购的苹果进行储藏并承担相应的储藏费用和资金压力，这对于发展中的果农专业合作社而言，风险极大。因而，调研中的多数合作社出于风险的考虑，与超市（如乐购、沃尔玛等）的合作均是单期交易，合作关系较短。再加之，行业进入门槛高，过度依赖单个买方，容易被"套牢"和"敲竹杠"。

8.2.2.6 "龙头企业＋基地＋苹果种植户"的一体化流通模式

"龙头企业＋基地＋苹果种植户"的一体化流通模式是一种相对理想的模式。首先，龙头企业通过将高度专业化的苹果种植户纳入自建基地的方式获取原材料。其次，包装、清洗、分级，再将生鲜果品销往企业自身的直营店、超市专柜、特产店等终端。该模式将公司和农户内化在企业经营的框架中，生产、分级、包装和销售一体化程度高，有助于实现产业链各环节的"无缝"对接，能够形成组织的规模优势和市场的控制力，各环节之间的交易成本较低，品牌化、规模化、标准化程度高。

对于苹果种植户而言，生产与流通环节的一体化，能使果农及时获得市场信息，在果品企业的指导下进行生产，将传统的苹果推销模式转变为根据需求进行有计划生产的模式。同时，农资供应等供应商能更为方便地集成到农产品供应链中，生产者可以及时获得品种新、质量高、功效高、成本低的农资。

该模式的缺陷在于，在治理结构上，渠道内部治理结构复杂，合作治理与层级治理并存，渠道治理成本高；在权利结构上，渠道权力的天平明显向龙头企业倾斜，农户对龙头企业强烈的依赖，再加之龙头企业在市场信息、产品检验等方面的优势，使龙头企业在这一渠道关系中处于绝对主导地位，农户和合作社在与企业博弈中处于劣势地位。由于渠道关系双方规模与实力的严重失衡，渠道关系缺乏稳定性，会对渠道绩效产生负面影响。

8.3 不同流通模式下苹果种植户的流通成本与收益

对于苹果种植户而言，追求利润最大化是其根本动机，因而其获得的收益是其选择流通渠道的决定因素。对不同流通渠道下苹果种植户的生产成本、纯收入、销售成本的统计结果显示（见表 8 - 1），苹果流通渠道的一体化程度越高，获得的纯收入越高，节约的销售成本越多。

表 8 - 1　　不同流通模式下苹果种植户的单位生产成本、销售成本与净收益

指标	流通模式	山东	甘肃	陕西	河南	全国
生产成本	果农→苹果经纪人	2439.44	3422.55	4049.82	2124.36	2764.46
	果农→消费者	3467.24	2347.65	1616.16	—	2437.21
	果农→专业合作社	2424.97	3046.10	2039.37	2069.73	2554.60
	果农→果品企业	1593.95	2671.29	3072.70	1428.34	2140.24
销售成本	果农→苹果经纪人	747.77	1113.23	1062.41	874.48	908.58
	果农→消费者	1235.87	609.37	467.91	—	721.30
	果农→专业合作社	626.95	671.67	626.95	548.48	584.78
	果农→果品企业	379.45	572.48	687.81	399.28	509.75
单位净收益	果农→苹果经纪人	2477.27	2158.98	2520.79	2177.11	2453.33
	果农→消费者	2399.78	2616.28	1686.90	—	2973.05
	果农→专业合作社	2648.47	2857.29	2648.47	2560.02	2554.60
	果农→果品企业	3685.19	2519.94	3125.68	3608.18	3052.70

注：表中数据根据笔者实地调研数据计算所得。在调查中发现，以合作社为中介的流通渠道的运作机制是先由专业合作社从果农处收购苹果，之后进行统一的分级、包装、储存，然后再销售给下游的批发市场、收购商或者超市，因而无法区分每一个样本农户的苹果在销售给合作社之后的下一环节流向，为了方便计算出每种流通渠道下苹果种植户的生产成本、销售成本和单位净收益，我们将中介流通模式、定向流通模式和直采流通模式这三种模式放在一起，称为"果农→专业合作社"模式。

"苹果种植户→苹果经纪人""苹果种植户→消费者""苹果种植户→专业合作社""苹果种植户→果品公司"四种流通模式下，每吨苹果净收益分别为 2453.33 元、2973.05 元、2554.60 元和 3052.70 元，而相应的销售成本呈递减趋势。换言之，紧密的流通主体协作可以帮助农户克服外生的销售成本，节约信息成本、运输成本，提高农户进入市场或与下游流通主体的谈判能力，因而显示出显著的收入效应和销售成本的节约效应。为了获得更高的收益，农户有强烈的动机参加一体化程度高的流通渠道，获得产前环节的要素供给和产后的产品销售服务。

进一步分析可以发现，一体化的流通渠道对于农产品的生产者和销售者都有益处。对于销售者而言，可以获得稳定的货源，进而使经营成本最小化；对于生产者而言，农户在供需波动剧烈的农产品市场上可以获得稳定的产品需求源，提高进入市场的进入能力和留住能力，增强对生产风险和价格波动的抗性，此外，对化学投入品、农业机械、资本、技术和信息等要素可获得性也随之增强。因而，从产业垂直协作的产出角度而言，紧密的垂直协作是一种双赢的创新性制度安排，符合帕累托改进。

8.4 销售渠道选择的理论模型

在一个生产周期内，农户决策过程可以分为三个阶段。在生产决策阶段，农户 η 依据产出品价格和投入品价格将土地、劳动力等生产要素进行最优分配，确定当期的农产品供给数量，相应的供给反应函数就可以表示为：

$$Q_\eta = Q(p, w, z_\eta^q) \tag{8.1}$$

式中，p 和 w 分别表示产出品和投入品的预期价格，z_η^q 表示固定投入要素。

在生产决策的第二阶段，农户 η 的决策内容包括保证 Q_η 单位的产出以及产出品的市场销售量和自用量。产出品的自用量可以表示为产出品价

格 p 和自用量波动幅度 z_η^c 的一个函数，即：

$$c_\eta = c(p, z_\eta^c) \qquad (8.2)$$

那么农户 η 的市场剩余就可以写为：

$$q_\eta = Q_\eta - c_\eta \qquad (8.3)$$

依据经典农户模型分析框架，假定农户的农产品交易频率为 n_η，那么农户 η 第 i 次交易的数量就是：

$$q_{\eta i} = \frac{q_\eta}{n_\eta} \qquad (8.4)$$

在生产决策的第三阶段，农户 η 的决策内容是确定农产品的销售，实现收益最大化。假定农户 η 的农产品有 J 个销售渠道，且在销售过程中涉及两个交易主体：一个生产者和一个交易型企业。农产品在市场中实现价格机制的一系列过程，包括购买合同的发起、签订合同、监督和执行合同都会产生交易费用，而且这种费用可以用该农产品来度量（埃里克·弗鲁博顿，2006）。那么首先我们可以写出反映这一交易过程的交易函数：

$$q_{bi} = F(q_{\eta i}) \qquad (8.5)$$

在式（8.5）中，$q_{\eta i}$ 表示农户 η 第 i 次愿意出售的农产品数量，q_{bi} 表示交易型企业愿意购买的农产品数量，那么农户在第 i 次通过渠道 j 销售农产品的交易费用就可以表示为：

$$TC_{ij} = q_{\eta i} - q_{bi} \qquad (8.6)$$

其中，TC_{ij} 取决于农户农产品的销售环境如距离市场的距离、运输难度和农户的个体禀赋。

在交易前，农户对于潜在销售渠道 j 的期望价格 p_{ij} 取决于外生性的市场价格以及农户的议价能力，即：

$$p_{ij} = p_j^* + B(q_i, z_i^b) \qquad (8.7)$$

其中，p_j^* 表示渠道 j 的外生价格，z_i^b 表示农户的议价能力。

基于上述分析，对于农户 η 在第 i 次交易中，将数量为 q_i 的农产品通过渠道 j_i 销售出去，实现销售收益最大化的目的，那么就有：

$$j_i = \underset{k}{\text{argmax}} \left\{ \prod_{ik} = q_i \times \left[p_k^* + B(q_i, z_i^b) \right] - TC_{ij}, \ k = 1, \cdots, J \right\}$$

$$(8.8)$$

其中，$\prod_{ik}$ 表示在第 k 种渠道销售农产品获得的净收益，其决定方程可以表示为：

$$\prod_{ik} = X_{ik}\beta + \varepsilon_{ik} \tag{8.9}$$

其中，X_{ik} 表示不同销售渠道下影响农产品销售净收益的因素，β 为待估参数，ε_{ik} 为服从独立同分布的标准差。如果 ε_{ik} 的分布属于极值分布，那么联立式（8.8）和式（8.9）就有：

$$\Pr(j_i = j \mid X_{ik}) = \frac{\exp(X_{ij}\beta)}{\sum_{k=1}^{1} \exp(X_{ij}\beta)} \tag{8.10}$$

上述方程可以作为一个典型的选择方程，可以运用极大似然估计法进行估计。

按照前文的分析，为了实证研究的方便，我们对具体的苹果销售渠道进行赋值和界定：一是"果农—消费者"直接的市场交易模式，该模式的运行机制是具有区位优势或信息优势的农户将农产品直接运到市场销售，交易具有随机性特征。二是"果农—零售商"模式，这种模式的特点是农户将农产品销往距离消费者"最后一公里"的节点，农户和购买者对交易时间、交易地点、产品价格、产品质量检测等问题事前已达成一致。三是"农户—果品公司"模式，这种模式是指果品公司作为典型的交易型公司出现，由于"交易"活动存在规模递减规律，单个交易型企业具有规模优势，实力较强，信誉较好，对农户的生产、销售行为都可能产生影响。四是"果农—合作社"模式，是指农户按照合作社法自愿联合起来组成专业合作社或者农民协会，农户按照合作社的要求进行生产和销售，合作社负责技术指导、生产资料统一购买和包装加工。五是农户"果农—果贩"模式，农户搜寻信息的成本非常高，作为理性人，农户将农产品就近销售给果贩就成为理性的选择。上述五种销售渠道中，按照农户进入市场壁垒由高到低的顺序排列。

8.5 计量模型构建与变量选择

由于本章的研究命题属于离散型数据，因而 Logit、Probit 和 Tobit 等概率模型是有效的计量方法（Wooldrige，2007），在因变量大于两类时且存在内在的定序含义，应采用有序 Probit 模型进行估计。本章设定的自变量是将农户销售苹果的五种渠道按照市场进入壁垒由高到低的顺序排列，具体赋值如表8-2所示。研究涉及的解释变量分为信息成本变量、谈判成本变量、执行成本变量、销售环境变量和控制变量五类。

表8-2   变量解释

变量名	变量性质	赋值
Y（苹果销售渠道）	因变量	1＝消费者；2＝零售商；3＝合作社；4＝果品公司；5＝果贩
X_1（与买方联系方式）	信息成本	1＝农户自己或通过经纪人寻找购买者；2＝亲戚朋友介绍；3＝购买者自己或通过经纪人寻找农户
X_2（市场信息来源）	信息成本	1＝其他果农；2＝果贩、果品公司、电视、网络等；3＝合作社或政府果业部门
X_3（信息搜寻频率）	信息成本	每次销售打听价格的频率
X_4（信息准确性）	信息成本	1＝不准确；2＝一般；3＝比较准确
X_5（中介费用）	谈判成本	1＝支付中介费用；0＝否
X_6（质量认同）	谈判成本	1＝认同；2＝有些不认同；3＝非常不认同
X_7（谈判时间）	谈判成本	1＝不讨价还价；2＝较少时间；3＝较长时间
X_8（合同形式）	谈判成本	1＝签订了书面合同；0＝否
X_9（运输任务）	执行成本	1＝农户承担运输任务；0＝否
X_{10}（结算方式）	执行成本	1＝现金结算；2＝部分现金部分欠款；3＝全部欠款
X_{11}（违约情况）	执行成本	1＝履约；2＝偶尔违约；3＝经常违约

变量名	变量性质	赋值
X_{12}（运输距离）	交易环境	千米
X_{13}（销售地点）	交易环境	1 = 果园；2 = 家门口；3 = 本村苹果收购点；4 = 外村苹果收购点；5 = 其他地点*
X_{14}（本村经纪人数量）	交易环境	个
X_{15}（户主年龄）	控制变量	
X_{16}（户主性别）	控制变量	1 = 男；0 = 女
X_{17}（户主受教育程度）	控制变量	1 = 文盲；2 = 小学；3 = 初中；4 = 高中；5 = 大专以上
X_{18}（是否加入合作社）	控制变量	1 = 参加合作社；0 = 否

注：*其他地点主要包括农村集市、本县水果批发市场以及本县以外的水果市场。

第一类是信息成本变量，包括农户与购买者取得联系的方式，用于反映苹果生产者和购买者内部的竞争水平，如果是购买者主动联系果农，说明该市场近似于卖方市场，市场竞争水平高，果农选择空间较大，因而，购买者利用垄断地位"敲竹杠"的可能性就越小；农户的市场信息来源和本地市场信息准确性用于反映农户取得市场信息的难度；每次卖苹果之前搜寻价格的次数作为一个代理变量来反映农户搜寻信息的成本。

第二类是谈判成本变量，包括是否需要支付中介费、对买方的分级标准是否认同、讨价还价时间长短以及农户是否签订合同。在调查过程中发现，在不同地区，中介费的承担者也存在差别，在山东、陕西等地，苹果产业形成了明显的集聚效应和品牌效应，销售环境和产业环境较好，支付给经纪人的中介费一般由果贩来承担，而在河南、河北两省的样本区域，村域农业结构中苹果栽培面积较小，集聚效应差，苹果存在一定的"卖难"问题，中介费一般由果农来承担，本书设置的调查选项是考察是否由农户来承担中介费，中介费的高低可能影响农户的销售渠道选择。讨价还价时间长短和是否签订生产合同用于反映交易主体双方起草和签订合约的成本；对苹果购买者的检验分级标准是否认同可以反映出农户在谈判方面是否具有话语权。

第三类是执行成本变量，包括运输任务由谁来承担、结算方式、违约情况。运输任务由谁来承担和运输距离反映出农户在执行合约时所付出的成本；结算方式和违约环境可以反映出该地的信用环境，信用环境越好，农户支付的交易成本越低，交易效率越高。

第四类是销售环境变量，主要通过村域内部苹果经纪人数量、运输距离和销售地点来衡量。由前文分析可知，村域内部苹果经纪人和果贩数量越多，说明果贩之间越难以建立起购买者联盟，也无法形成垄断，农户在良好的销售环境中获得可有更大的选择空间，避免了由于买方"敲竹杠"带来的损失。运输距离在农产品流通体系中起到了制动器的作用，有学者称为"距离的暴政"（tyranny of distance）（Bairoch，1988），因此，本章将之引入销售环境变量予以考察；销售地点则与苹果销售的便利性紧密相关，销售地点越近，农户付出的人力、时间越少，因而会显著影响农户的销售渠道选择。

第五类是控制变量，包括户主的文化程度、年龄、性别以及是否为合作社成员。孙艳华和应瑞瑶（2007），姚文和祁春节（2011）等的研究证明，作为控制变量的户主文化程度、年龄、性别、是否为合作社成员会影响农户的销售渠道选择。

表8-3中报告了解释变量和被解释变量的统计学特征。从表8-3中可以看出，农户对自己所掌握的市场信息准确程度评价较低，且大部分农户的谈判能力较低，是市场价格的被动接受者，花费在交易谈判上的时间较短，因而拥有相对较高的信息成本、谈判成本和执行成本。

表8-3　　　　　　　　　解释变量和被解释变量统计特征

变量名	变量内涵	单位	均值	标准差
Y	苹果销售渠道	—	4.76	0.76
X_1	与购买者取得联系的方式	—	1.76	0.46

变量名	变量内涵	单位	均值	标准差
X_2	市场信息来源	—	1.69	0.56
X_3	每次销售前打听价格的频率	—	4.94	4.89
X_4	本地行情了解准确性	分	2.38	0.83
X_5	是否支付中介费用	—	—	—
X_6	对买方的分级标准是否认同	分	1.47	0.65
X_7	讨价还价时间	分	1.93	0.48
X_8	是否签订生产合同	—	—	—
X_9	农户是否承担运输任务	—	—	—
X_{10}	结算方式	分	1.13	0.43
X_{11}	违约情况	分	1.16	0.40
X_{12}	运输距离	千米	8.38	86.71
X_{13}	销售地点		2.36	1.10
X_{14}	本村苹果经纪人数量	个	12.18	13.40
X_{15}	户主年龄	年	50.61	9.50
X_{16}	户主性别	—		
X_{17}	户主受教育程度	—	3.03	0.73
X_{18}	是否为合作社成员	—	—	—

8.6 模型估计结果

有序 Probit 模型的极大似然估计结果见表 8-4。

表 8-4 模型估计结果

变量名	变量内涵	系数	标准差	z 值	p 值
X_1	与买方联系方式	-0.4167**	0.1637	-2.5500	0.0110
X_2	市场信息来源	-0.2673*	0.1379	-1.9400	0.0530

续表

变量名	变量内涵	系数	标准差	z 值	p 值
X_3	信息搜寻频率	0.0235	0.0159	1.4800	0.1390
X_4	信息准确性	−0.0520	0.0985	−0.5300	0.5980
X_5	中介费用	0.4088 **	0.1776	2.3000	0.0210
X_6	质量认同	0.2498 *	0.1359	1.8400	0.0660
X_7	讨价还价时间	−0.1507	0.1613	−0.9300	0.3500
X_8	签订生产合同	−0.8951 **	0.3976	−2.2500	0.0240
X_9	运输任务由谁来承担	−0.4480 ***	0.1416	−3.1600	0.0020
X_{10}	结算方式	−0.3358 **	0.1521	−2.2100	0.0270
X_{11}	违约情况	−0.3897 **	0.1740	−2.2400	0.0250
X_{12}	运输距离	−0.0016 **	0.0006	−2.4900	0.0130
X_{13}	销售地点	−0.3538 ***	0.0693	−5.1100	0.0000
X_{14}	本村苹果经纪人数量	−0.0117 **	0.0051	−2.3100	0.0210
X_{15}	户主年龄	0.0039	0.0082	0.4700	0.6350
X_{16}	户主性别	−2.0043	206.8054	−0.0100	0.9920
X_{17}	户主受教育程度	−0.0043	0.1057	−0.0400	0.9680
X_{18}	是否为合作社成员	−0.3205 *	0.1668	−1.9200	0.0550
对数似然比		−232.2579			
LR 检验		89.66			
P 值		0.0000			
伪判决系数		0.1618			

注：*** 、** 和 * 分别表示回归结果在 1% 、5% 和 10% 的水平上显著。

表 8 − 4 中报告的估计结果通过了对数似然比检验和 LR 检验，且大部分变量通过了 Z 检验，说明估计结果比较理想。如果回归结果中解释变量的系数为正，表示该解释变量越大，潜变量 y^* 的取值越大，从而显变量 y 处于更高等级的概率也就越大；解释变量系数为负，表示解释变量越大，潜变量 y^* 的取值越小，从而显变量 y 处于更低等级的概率也就越大，按照这一原理，对模型估计结果做出如下分析。

（1）信息成本对农户销售渠道选择的影响。从估计结果来看，信息成本变量中与购买者取得联系的方式通过了5%的显著性检验，如果购买者自己或者通过经纪人主动搜寻果农，这说明果农拥有更大的选择空间，因而果农更愿意直接进入市场，降低中间消耗，将苹果直接销售给消费者；市场信息来源渠道通过了10%的显著性检验，前文分析可知，果农的市场信息来源主要有其他果农、果贩、果品公司以及合作社和政府果业部门三种渠道，调研数据显示，样本农户中35.59%的市场信息来自其他果农，这种市场信息的传播途径容易造成信息失真；59.37%的样本农户表示其市场信息来自果贩和果品公司的报价，在这种条件下，农户的信息来源渠道有限，可能存在"信息依赖"，倾向于将苹果销售给果贩或果品公司的概率较大。对本地行情了解的准确性没有表现出统计显著性，这可能是因为果贩或果品公司是农户了解苹果市场信息最重要的渠道，逐利动机使果贩隐瞒真实的信息；每次销售前打听价格的频率影响不显著，可能的原因是价格信息对于农户而言是一个强约束，农户缺乏及时、可靠的市场信息来源，存在一定的"信息困境"，农户自身无法打破这一困境，搜寻信息的边际收益较低。

（2）谈判成本对农户销售渠道选择的影响。谈判成本变量中，中介费用变量对销售渠道选择具有显著的正向影响，与预期相反。这是因为，风险规避型农户支付的中介费用可以认为是农户在销售环节的一种自我保险机制，通过支付一定的中介费用将"熟人机制"引入交易过程。对于风险规避型农户而言，支付一定的种费用比自己在市场上搜寻顾客更经济。对买方分级和检测标准是否认同在一定程度上可以反映出农户在质量方面是否具有"话语权"，该解释变量在10%的水平上显著。调查中发现，买方分级检测标准是构成市场进入壁垒的重要因素，检测分级标准越复杂，农户付出的交易时间越长，越倾向于不认同购买者的分级标准。调研计数据显示，在销售渠道选择果贩的农户中，38.70%的农户认为果贩的检测分级标准不严格，41.86%的农户认为一般严格，因此，较低的检测分级标准可能是农户选择将苹果销售给果贩的重要原因。是否签订生产合同对农户销售渠道选择影响为负，且系数接近 1，这说明签订生产合同的农户倾向于选择果品公司或果贩作为销售对象，一个可能的原因是交易型企业为了抢占优质货源会与这些农户提前签订生产合同。本书的调查数据也显示，在样本区内，签订生产合同的农户都是技术水平高、苹果质量好的农户。讨价还价时间长短对销售渠道的选择没有影响，这可能是因为大部分农户的苹果园经营面积是 20 亩以下的小农户，果贩、果品企业等购买者在购买苹果时都采用"一口价"的形式，农户讨价还价的边际贡献较低，因而对销售渠道选择的决策影响不显著。

（3）执行成本对农户销售渠道选择的影响。执行成本中，运输任务由谁来承担对苹果销售渠道有显著的负向影响，且系数较大，这意味着如果由农户承担运输任务，农户将倾向于将苹果直接出售给消费者。由于中国苹果主产区的主要地形以丘陵和高原为主，基础设施相对落后，村级道路路况较差，调研统计数据显示，黄土高原优生区的样本村平均拥有水泥路长度为 4.13 千米，环渤海湾优生区的样本村平均拥有水泥路长度为 5.58 千米，由农户来承担运输任务加大了农户执行合约的成本。在这种情况下，相对于销售给中间商而言，农户将苹果直接销售给消费者可以获得更高的收益。结算方式和违约情况对销售渠道选择具有负向影响，且在 5% 的水平上显著，这说明在信用环境较差的情况下，存在欠款和经常性违约，监督和执行成本超过了市场进入成本，那么农户处于风险规避的考虑，选择自行销售苹果。

（4）销售环境变量对农户销售渠道选择的影响。经纪人数量对农户销售渠道选择有负向显著影响，经纪人数量越多，农户越有可能选择直接销售给消费者或者合作社等渠道。这是因为，一是经纪人越多，说明农户对买主的选择余地就越大，农户越容易找到中意的买主（姚文等，2011），买方形成垄断地位向农户"敲竹杠"的概率就越小；二是因为村域内经纪人数量越多，说明苹果产业的市场集聚效应越高，不同渠道的购买者可能同时向这一中心聚集，农户面对较充分的买方销售环境，处于利润最大化的考虑，会优先选择将苹果卖给消费者或者合作社，获得从生产到销售的较高增值量。运输距离在 5% 的水平上通过了显著性检验，这说明伴随着运输距离的下降，生产者、果贩、果品企业、合作社等市场主体会自发地形成集聚，集聚效应和规模效应可以使农户分割更大的生产者剩余。但是，距离的逐渐消失所产生的影响并不是单调的，运输成本最初的下降有可能有助于经济活动的集中，如果继续下降则有可能会使刚形成的集中土崩瓦解（Fujita，2011）。销售地点在 5% 的水平上显著，这反映出销售地点越远，农户越有可能选择将苹果直接出售给消费者或者零售商。

（5）控制变量对农户销售渠道选择的影响。户主年龄、性别和受教育程度对农户销售渠道选择的影响不显著，可能的原因是：一是因为这三个变量的统计学特征都比较集中，组间差异非常小；二是影响农户销售行为的主要是销售环境和交易成本因素。是否为合作社成员显著影响农户的销售渠道选择，这说明，合作社成员比非合作社成员更具有信息优势和规模优势，农户通过加入合作社可以显著地降低搜寻信息的成本。

8.7　本章小结

近年来，城乡居民收入持续增长、消费结构转型，食物结构日趋多样化，以水果、蔬菜、肉类、禽类、奶制品等为代表的高价值农产品需求迅速增长，大量农户从种植粮食转向高附加值农产品生产，获得了巨大的市场机遇和增收前景。但随着农产品供需状况由总量短缺转变为供求基本平衡、丰年有余的态势，农产品卖难、过剩问题日益凸显，农产品阶段性、区域性、结构性相对过剩成为普遍现象，鲜活高价值农产品如水果、蔬菜等尤甚。这些农产品进入流通组织体系，实现产权转移过程的交易成本已成为新阶段制约小农户与组织化市场结合的重要问题。在城乡经济转型过程中，农户尤其是从以经营粮食种植为主的生产转向高价值或增值农产品（如蔬菜、水果、畜产品）生产的农户，进入市场化体系面临着日益强化的流通约束。本章以苹果为高价值农产品典型案例的份额分析表明，苹果销售渠道可以概括为传统流通链、直接流通链、中介流通链、定向流通链、直采流通链、一体化流通链等六种模式，分析每种模式的运作机理、特征和存在的关键问题，并测算相应流通模式中苹果种植户的生产成本、销售成本和单位净收益。

在此基础上，本章运用有序 Probit 模型系统分析了信息成本、谈判成本、执行成本、销售环境对农户销售渠道选择的影响。分析结果表明，信息成本是农户面临的强约束，农户缺乏及时、可靠的市场信息来源，存在"信息困境"；谈判成本变量的回归结果证实，农户在谈判过程中的话语权有限，面临交易成本和生产者剩余获取的两难选择。执行成本对农户的销售渠道选择有显著影响，尤其是结算方式和违约情况是农户销售渠道选择考虑的重要因素；销售环境对农户销售渠道选择影响显著。本章的研究结论还证明，农户加入合作社可以使农户获得信息优势和规模优势，降低农户的搜寻成本，农户个体特征对销售渠道选择影响不显著。

总体来看，苹果流通渠道的现代化水平与当地的产业集聚水平和市场发育水平紧密相关，而现代化的流通渠道又会反过来促进当地的产业发展。在果业结构调整、苹果生产方式转型背景下，苹果流通渠道的现代化变革过程，仍然需要政府恰如其分的政策安排来克服农业的弱质性，矫正转型过程中的市场失灵问题。基于前文的分析结论，我们可以得到以下有益的启示。

一是引导苹果生产区域化、集中化、流通规模化。考虑到苹果产业具有集散性、季节性、区域性和保鲜性等特质，需要进一步引导苹果产业向优势区集中，兼顾当地区位优势、产业基础和发展潜力等因素，实现自然条件与生产实际的有机结合。进一步发挥农户、企业、合作社、批发市场等市场主体的产业集聚效应、空间溢出效应和规模效应。

二是推进苹果生产经营单位组织化、专业化和集团化。考虑到苹果种植户规模普遍偏小，存在"小农户"与"大市场"的对接矛盾，应进一步提升苹果生产、流通合作社的规模与实力，培育多种专业化的苹果营销主体和服务组织，补充果品龙头企业的稀缺性。

三是促进鲜食苹果流通渠道短链化和一体化。考虑到专业协会、专业合作社在苹果流通中的作用，应继续鼓励组建乡村专业协会、专业合作社等合作经济组织，积极开展技术、农资供应、病虫防治、产品销售等服务，逐步提升果农的组织化程度，提高果农参与市场交易的规模和效率。考虑到果品龙头企业牵头的一体化流通渠道可以提高果农收入和流通效率，降低流通损耗，应加大对果品龙头企业的扶持力度，通过实施龙头企业带动行动促进我国苹果产业化经营水平全面提升。

四是加快市场管理和产业服务信息化。考虑到信息在现代果业流通中的重要作用，应加强公共营销促销服务系统基础设施和组织建设，完善现代化信息服务体系，不断提高信息的收集、处理、发布能力，为生产和经营提供全方位信息服务，充分利用各种传媒进行技术推广和科普宣传，以信息化促进产业化。

第9章　产业链垂直协作参与对专业化农户的经济影响分析

前文的分析表明，交易成本对农户的要素配置行为和产品销售行为构成了强约束，限制了农户的市场活跃程度，那么接下来的问题就是"是否能够通过制度创新来降低交易成本"。为了回答这一问题，本章在前文的分析基础上，以苹果产业链的垂直协作为案例，运用统计分析、Tobit模型、处理效应模型等研究方法，对垂直协作的经济影响进行分析。

9.1　垂直协作的现实背景

农村改革以来，中国高价值农产品产量和产值的增长速度远远超过同期的粮食产品，对保障农民增收、跳出低水平收入陷阱发挥了重要作用。但是，高价值农产品本身蕴含着极高的市场风险，成为农户分享高价值农产品需求增长福利的重大威胁。与此同时，在城乡经济转型过程中，农户，尤其是从以经营粮食种植为主的生产转向高价值或增值农产品（例如，蔬菜、水果、畜牧产品，满足消费模式变化及健康食品的需求）生产的农户，必须克服与组织化程度不断提高的农产品市场相关联的交易成本（Pingali et al.，2005）。因而，如何通过新型产业组织的创新和发展，将农户、合作经营、公司经营有机地结合起来，形成集约化、规模化、专业化的经营主体，引导农户克服居高不下的交易成本，适应现代农业的发展和市场竞争，对于中国农业的转型和现代农业的发展具有重要的应用价值。

在学术界，多数学者认为，通过"合作社 + 农户""公司 + 基地 + 农户"等协作形式，实现产业链的生产、营销、加工等环节的垂直协作，可以有效降低交易成本和市场风险，提高经营收入。在实践中，来自美国等发达国家和中国、南亚、非洲、拉美等发展中国家和地区的实践也证明了这一点（Minot，2007）。但也有研究表明，按照协作契约进行生产的农户收入并未高于传统农户（Reaedon et al.，2009）；在某些发展中国家，与终端超市进行协作的农户获得的产品价格甚至低于传统市场（Michelson et al.，2012）。因此，农户可以在多大程度上分享由紧密型的契约安排所带来的福利效应，仍存在争议。

因此，如果能在前人研究的基础上，基于实地调研数据，克服已有研究中存在的内生性问题（Barret et al.，2012），实证检验高价值农产品产业链垂直协作对农户经营绩效的影响，进一步回答涉及高价值农产品生产、营销等产业组织的内在协作机制是什么，不同契约安排对农户的交易成本、收入水平有什么样的影响，对于推进紧密的产业链垂直协作，促使各产业经营主体平等地分享经济增长带来的收益，决策者的政策选择是什么等问题，无疑对于解释中国农业经营的现实困境具有重要的理论意义和政策意义。

9.2　垂直协作的理论基础

新制度经济学领域对于垂直协作的讨论持续了相当长一段时间，其中，威廉姆森的观点无疑最具有解释力。威廉姆森（2002）认为，实行纵向协作的主要目的在于节约交易成本，而决定协作紧密程度的主要因素是资产专用性。以此为起点，学术界将威廉姆森构建的分析框架应用到农业产业链领域，形成了一股"农业转型的新制度经济学思潮"（Prowse，2012），其核心观点是，"垂直协作型农业是一种以产业链上下游资本力量为主要工具，对传统农户进行再造的新型农业经营体系"（Briones，2015）。时至今日，这一思潮仍旧方兴未艾：学者们（Singh，2002；Borras and Franco，2012）认为，垂直协作有助于将农户面临的风险转移出去，实现双赢的结局。这些观点也被联合国、国际粮农组织引为推动农业转型、保障粮食战略安全的指导思想（De Shutter，2011）。

相应的实证研究中，来自印度、加纳、马达加斯加等地的案例表明：农户收入和垂直协作存在明显的正相关关系（Bachke，2010；Bellemare，2010；Harou and Walker，2010）。但是，上述研究对内生性问题的处理招致了严厉批评，尤其以 Barrett 等（2012）为代表，他们认为已有研究未能控制选择性偏误，削弱了研究结果的解释力。

为了应对内生性问题，后续研究尝试引入支付意愿法、双重差分、Heckman 二阶段选择模型、二阶段最小二乘法、处理效应模型、倾向得分匹配模型等方法对内生性问题进行修正。Bellemare（2012）的研究假定农户参与垂直协作的关键收益是获得农产品的担保收购价格；农户是否参与垂直协作主要取决于其风险态度。该研究进一步基于马达加斯加农户的条件价值评估实验结果表明，参与产业链协作导致农户的收入提高了10.4%。基于双重查分方法和面板数据，Michelson（2012，2013）证实，在尼加拉瓜，如果保持其他因素不变，参与"沃尔玛超市"供应链对农户生产效率和收入有明显的正向影响。另外，将截面数据和 Heckman 二阶段选择模型相结合，Simmons 等（2005）和 Bowig 等（2009）分别对印度尼西亚和乌干达的分析表明，参与产业链协作将提高农户的资本回报率和收入水平。Key 和 Mcbride（2008）应用二阶段最小二乘法对美国猪场的研究表明，参与产业链协作显著地提高了农场的全要素生产率。Wang 等（2014）对越南的农户的倾向匹配分析表明，与传统市场相比，产业链协作可以获得更高的收入，但在控制了选择性偏误之后，增收效应明显下降。

处理效应模型作为修正内生性的另一种有效方法，越来越广泛地用于测度产业链协作与农户收入之间的关系（Setboonsarng et al.，2006；Ramaswamy et al.，2009）。Cahyadi 和 Waibel（2013）运用该方法实证分析了垂直协作对印度尼西亚油棕榈种植户收入的影响，研究结论也支持产业链协作有助于提高农户收入。

但是，Narayanan（2014）近期的一项研究与上述结论并不完全一致。他对印度南部高价值农产品产业链垂直协作的分析表明，垂直协作对不同农产品生产者收入的影响具有异质性：垂直协作导致种植万寿菊的农户收入下降，对种植黄瓜的农户收入影响不显著，而对从事木瓜和肉鸡生产的农户收入有显著的正向影响。

在针对中国农业产业链垂直协作问题的本土研究中，主要研究方法以案例分析法、博弈论、比较静态分析方法为主，较少运用微观调查数据和计量模型进行分析。例如，刘凤芹（2003）基于不完全合约理论和博弈论方法，对我国农产品销售合约进行理论分析，认为我国农产品销售合约履约率低的内在原因是合约的不完全性，进而论述了产生于不同原因的两种具有本质区别的不完全性。周立群和曹利群（2002）以农业产业化经营中的商品契约为例，说明商品契约完全有可能在长期内稳定，以至于足以保证龙头企业长期支配农户的土地和劳动力要素，从而达到与要素契约相同的效果。由于农业生产的固有特点，单纯的要素契约很难在现阶段的农业生产过程中发挥作用。吴秀敏和林坚（2004）利用产权理论的模型讨论了类似问题。万俊毅等（2008）、罗必良等（2010、2012）、聂辉华（2013）基于关系契约理论的分析框架，对"温氏集团""东进农牧"等"公司＋基地＋农户"的垂直协作案例进行解析。研究认为，每一种协作模式在一定的区间内都是相对最有效率，在单期契约和长期契约的不同情景中，关系契约和正式契约分别是最优安排。孙振等（2013）的分析方法和研究结论与上述研究类似，即在关系契约框架下，资产所有权、关系合约和正式合约均会对农业垂直协作形式产生影响，不同规模农户、不同类型农产品会采取相异的垂直协作模式。

综上所述，国内外对"产业链协作与农户收入"的研究已取得了较丰硕的成果，但有仍有待进一步探讨的空间。首先，对于农户参与产业链垂直协作是否能提升自身收入水平这一问题，前人的研究结论存在明显分歧。其次，由于内生性问题，产业链协作与农户收入之间的关系并不能简单地认定为因果关系。企业对农产品供应商选择和产业链协作契约地理分布这两个因素具有非随机性，传统的回归方法得出的结论是有偏的估计，无法提供确切的实证证据来回答农户收入的变化的动力源自个体选择效应还是由于产业链协作。最后，垂直协作对于以经营规模小、土地细碎化、组织分散化为特点的中国农业经营体系具有重要的现实意义和政策意义，但在针对中国问题的研究中，主要以理论分析和案例分析为主，缺乏基于微观调查数据的实证分析。

9.3　分析思路

9.3.1　垂直协作的概念与形式

垂直协作是指农产品产业链上、中、下游的产业组织之间在农产品生产、销售等环节进行协作的合作形态，其实质是一种双边或者多边的契约安排。与工业生产相比，农业更加依赖"有机能源"，涉及的经营主体更为复杂和多样化，且农产品具有易腐烂、储运成本高、市场风险大的特点，催生的垂直协作关系更为丰富。常见的农业产业经营体系包括"农户＋市场""合作社＋农户""企业＋基地＋农户"等三种形式。

不同的垂直协作模式，其内在稳定性、报酬方式、违约成本等都有相当差异。理论上，"农户＋市场"属于松散的单期契约，违约风险和缔约成本都比较高；"合作社＋农户"属于混合形式的契约，既有单期的，也有多期的，稳定的"合作社＋农户"制度安排可以使农户与合作社形成利益共同体，进而实现组织内部的专业化分工，农户可以从合作社获得多种内在的生产、营销方面的服务与收益，提高农户的市场进入能力、留住能力和谈判能力;"公司+基地+农户"也是既有一次性的,又有多期的,当它是重复博弈时,是一种关系契约,信任和声誉将会发挥作用。"公司+基地+农户"的制度安排的主要优点是农户能直接依托下游的企业使农产品进入市场,在资金投入、技术支持与市场营销等方面具有相对优势。但是,公司与农户难以形成有效、合理的利益共同体,存在着明显的交易不确定性,交易成本和内部治理成本较高。总体而言,契约性质不同,报酬方式各异(聂辉华,2013)。三种垂直协作模式的契约特点概括如表9-1所示。

表9-1 不同协作形式的契约特征

协作形式	契约特征
农户+市场	单期契约,违约风险和缔约成本高,稳定性差
合作社+农户	社员与合作社形成利益共同体,以产权关系维系,存在一定的管理成本
企业+基地+农户	垂直一体化模式,将产品契约转化为要素契约,违约成本高,稳定性好,治理成本高

从现实来看,农户对"合作社+农户"和"企业+基地+农户"这两种紧密型垂直协作模式的参与方式主要有两种:销售合约和股权投资。销售合约是指农户按照销售合约,将生产的农产品销售给下游的协作方,具体的产品标准、收购价格、交货时间、交货地点等内容按照双方签订的合约执行;股权投资是指农户通过现金、技术、土地等形式入股合作社或者基地,并按照下游组织的经营绩效分红。这两种形式对于农户而言,并不矛盾和冲突,可以同时存在。

9.3.2 垂直协作与交易成本节约

新古典经济学派认为,理想市场的供给和需求处于均衡状态,因而有消费者边际产品价值等于投入品价格,销售价格等于边际成本。但在真实的农产品市场中，标准的均衡理论很不适宜。原因在于，从事专业化农产品生产要求较高的专用性资产投资，此种情境下农户很难实现规模经济。与此同时，以高端市场和出口市场为导向的市场准入体系对产品的标准化有严苛要求，但受制于信息不对称、交易成本和生产技术的可得性限制，分散的农户难以应对上述挑战。在实践中，通过产业链上下游产业组织之间的协作，有助于提高农户对技术、资本、化学投入品等要素的可得性，生产出目标农产品并将之出售给下游的协作者，分散生产风险、市场风险，降低农户的交易成本。

但目前学术界甚少有实证证据表明垂直协作的交易成本节约效应。交易成本作为新制度经济学的核心概念，在概念研究方面都取得了重要的进展。Williamson（1991）认为，交易成本涉及三个关键概念：技术方面（资产专用性）、人员方面（有限理性）、行为特性方面（机会主义），后续研究中，张五常（1983）将交易成本区分为信息搜寻成本、谈判成本和监督成本三种类型；在交易成本的实证研究领域，Masten 说明了 Williamson 如何克服直接度量交易成本的难题，即通过分析交易细节对各种治理结构的差别效率的影响来设计可检验的假设。Anderson 回顾了交易成本经济学在营销领域的应用，并证明了交易成本经济学在构建复杂问题、形成假设等方面的作用（Groenewegen，1994）。这些研究为了解中国转型过程中的制度环境、治理结构和个人间的互动关系提供了条件。与交易成本的定性研究进展相比，定量研究取得的成果极其有限。De Janvry 等（1991）和 Williamson（1993）认为农产品销售价格和购买价格之间的差值可以作为交易成本的无偏近似值；也有学者将运输成本、从产地到销地的运输距离作为交易成本的代理变量进行研究（Fafchamps，1992；Omamo，1998；Holloway et al.，2000）；另一种富有启发性的方法是将交易成本划分为显性交易成本和隐性交易成本两类。显性交易成本包括运输成本、沟通成本、执行成本，对应的隐性交易成本包括不确定性、道德风险等内容（Hobbs，1997；Escobal，1999）。为了克服已有研究的不足，本章试图以运输成本为例，进一步测度农户参与产业链垂直协作对交易成本的影响。

9.3.3　垂直协作参与和农户经营绩效的测度

一般而言，如果田野调查针对的样本区域拥有相似的农业气候条件和自然条件，那么决定农业经营绩效的因素主要包括地理区位、人口学特征和禀赋三个方面（Briones，2015）。具体地，地理区位因素主要是指村域层次的交通设施可得性和与之相关的运输成本；人口学因素是指农户的人力资本和社会资本，例如，受教育程度、年龄、性别、从事农业生产的年限、家庭生产性资产、从事农业生产的劳动力人数和农地规模。

除了自变量外，选择什么样的指标来表征"垂直协作参与"和"经营绩效"对实证分析的稳健性和置信度至关重要。如前所述，现实中农户参与垂直协作的行为主要表现两个维度：一是农户是否将苹果销售给协作的合作社或者企业；二是农户是否在合作社或基地中进行过股权投资，拥有股份。考虑到本书的研究目的和数据可得性，可以将农户是否将苹果销售给协作的合作社或者企业属于虚拟变量，即农户通过传统的现货市场销售苹果赋值为0，通过产业链的协作组织如合作社或企业销售苹果赋值为1；农户在协作的合作社或者企业基地中拥有股份，则赋值为1，否则为0。根据前文所述的研究目的，农户经营绩效也应该基于显性交易成本（包括谈判时间、运输成本、销售时间）和单位面积净收益两个方面进行实证。

9.4　垂直协作农户的社会经济特点

样本农户的基本特征在表9-2中予以报告。统计结果显示，样本区农户的社会经济指标具有如下特点：一是农户在农产品销售过程中的交易成本居高不下，谈判成本、运输成本和执行成本均居于高位。二是苹果园平均规模达到 8.19 亩，经营规模远远低于美国、欧盟、阿根廷、日本等苹果生产大国。三是果农老龄化趋势明显。样本区农户的苹果产业从业人员的平均年龄为 50.17 岁，户均农业劳动力为 2.12 人，由于苹果种植是劳动密集、农艺密集型产业，果农老龄化、劳动力结构性紧缺在未来将成为制约产业可持续发展的关键因素。

表 9 - 2　　　　　　　　　关键变量的描述性统计

变量含义	均值	标准差	最小值	最大值
谈判成本（小时）	1.95	12.60	0	3
运输成本（元）	251.09	921.95	0	20000
执行成本（小时）	61.77	91.12	1.5	840
亩均净收益（元）	4586.35	5896.25	32	65710
户主年龄（年）	50.17	9.21	24	77
受教育程度（年）	7.54	2.88	0	14
农业从业劳动力数量（人）	2.12	0.92	1	7
苹果园种植面积（亩）	8.19	8.60	0.3	150
家庭生产性资产（元）	10753.62	9168.33	100	124500
苹果种植从业年限（年）	21.40	7.58	1	46

表 9 - 3 中报告了"合作社 + 农户""公司 + 基地 + 农户"产业链垂直协作模式下不同参与方式、产品溢价情况以及农资采购、农技服务、技术培训等协作内容的统计结果。首先，参与产业链垂直协作的比率低。通过销售合约和股权投资两种形式参与垂直协作的农户在总样本中所占的比重低于 15%，这表明就农业产业经营体系而言，我国仍处于从传统向现代逐步过渡的阶段，离现代农业经营体系的建立仍有相当距离。其次，"合作社 + 农户"覆盖的农户范围比"公司 + 基地 + 农户"更加广泛，这体现在前者的各项协作内容发生比都远高于后者。最后，对比两种协作模式的要素服务和销售服务可以发现，销售服务的发生比明显低于要素服

务。换言之，为农户提供化肥、农药、种子等投入品、进行技术培训和生产指导仍然在合作社和基地的经营内容中占主要地位，而产品销售和通过产品溢价的方式促进农户增收仍有待于进一步加强。

表9－3 垂直协作内容

协作内容	测度方法	发生比（%）
销售合约	按合同将苹果给合作社	8.24
	按合同将苹果给基地	1.01
股权投资	在合作社中拥有股份	7.59
	在基地中拥有股份	0.09
产品溢价	合作社收购苹果的价格比市场价格高	87.25
	基地收购苹果的价格比市场价格高	81.81
农资采购	合作社统一管理农药、化肥、果袋的采购和使用	17.97
	基地统一管理农药、化肥、果袋的采购和使用	0.93
农技服务	合作社统一管理修剪、整形、水肥施用	10.47
	基地统一管理修剪、整形、水肥施用	0.46
技术培训	合作社提供技术培训	22.89
	基地提供技术培训	1.29

9.5 实证分析结果与讨论

由于本章研究的因变量一般的取值大于零，属于受限制变量，应当使用Tobit模型作为基本的回归方法。与此同时，考虑到传统计量方法无法克服由于个体选择效应导致的内生性问题，无法判断农户收入的增长是源自个体选择效应还是产业链协作。因此，在Tobit模型的基础上，引入处理效应模型，在分别估计销售合约和股权投资两种协作形式的处理效应，运用准实验的思想来估计两种协作参与方式对农户收入的影响，在一定程度上能够达到控制内生性的目的。

9.5.1 垂直协作对农户交易成本的影响——以运输成本为例

表 9 - 4 报告了销售合约和股权投资对运输成本影响的 Tobit 模型回归结果。分析显示，通过销售合约方式参与产业链协作对降低农户的运输成本有显著的正向影响。这一结论表明，紧密的垂直协作可以帮助农户节约运输成本，提高农户进入市场或与产业相关主体谈判与交易的能力，显示出显著的交易成本节约效应。

表 9 - 4   运输成本的 Tobit 模型回归结果

自变量	估计值	t 值	p 值
户主年龄（年）	-7.944	-1.37	0.171
受教育程度（人）	11.963	0.63	0.527
农业劳动力数量（人）	77.673	1.42	0.157
苹果园种植面积（亩）	8.501	1.23	0.219
家庭生产性资产（元）	142.158	2.14	0.033
苹果种植年限（年）	-4.629	-0.66	0.51
销售合约（是 =1；否 =0）	-336.766*	-1.69	0.091
股权投资（是 =1；否 =0）	-162.525	-0.76	0.445
是否为陕西省（是 =1；否 =0）	435.456*	2.56	0.011
是否为山东省（是 =1；否 =0）	853.141***	5.03	0.000
是否为河南省（是 =1；否 =0）	681.042***	3.11	0.002
常数项	-1962.126***	-2.67	0.008
LR Chi2	45.6		
Prob > Chi2	0.0000		
Log Likelihood	-4505.182		

注：①区域虚拟变量以是否为甘肃省为基准。② *** 和 * 分别表示估计系数在 1% 和 10% 的水平上显著。

农户对专业化合作社或基地进行股权投资对节约交易成本的影响不显著。可能的原因是，农民专业合作社或者基地在苹果收购过程中，无论收购对象是否在合作社或者基地中拥有股份，收购过程涉及的产品标准、收购价格、包装规格等相关内容是一致的，不存在差别化对待。因而，股权投资的参与方式对农户付出的交易成本影响不显著。

总体来看，基于销售合约形式的产业链垂直协作对于销售者而言，可以获得稳定的货源，转移产能利用率低的风险，进而使经营成本最小化；对于生产者而言，农户在供需波动剧烈的农产品市场上可以获得稳定的产品需求源，提高进入市场的进入能力和留住能力，增强对生产风险和价格波动的抗性，此外，对化学投入品、农业机械、资本、技术和信息等要素可获得性随之增强。从产业垂直协作的产出角度而言，紧密的垂直协作是一种双赢的创新性制度安排，符合帕累托改进。

9.5.2　垂直协作对单位净收益的影响

经典计量经济学理论告诉我们，在项目评估的文献中，如果关注的解释变量是二值变量，那么基于反事实框架来定义处理效应，有助于克服自选择和内生性问题（Wooldridge，2010）。具体地，假定一个农户加入产业链垂直协作的单位净收益是 y_1，未加入时的单位净收益是 y_0。由于一个个体不能同时处于两种状态，所以我们无法同时观测到 y_1 和 y_0。因而，这个问题的实质是数据缺失，相应的解决办法如下：

定义 w 是一个二值处理标识变量，其中 $w = 1$ 表示以销售合约的方式加入产业链协作，而 $w = 0$ 表示未加入。那么（y_0，y_1，w）就是总体的随机向量。为了测量处理效应，定义处理效应为：

$$TE = E(y_1 - y_0 \mid w = 1) \tag{9.1}$$

那么，观测的结果单位净收益 y 就可以写为：

$$y = (1 - w)y_0 + wy_1 = y_0 + w(y_1 - y_0) \tag{9.2}$$

同时，令 x 表示所观测到的协变量向量，那么总体随机向量就可以用

(y_0, y_1, w, x) 来表示。需要指出的是，我们可以观测到的相关向量是 y、w 和 x。其中，y 是由式（9.2）给出的。进一步对式（9.2）两端取条件期望，可得

$$E(y \mid x, w) = E(y_0 \mid x, w) + w[E(y_1 \mid x, w) - E(y_0 \mid x, w)] \quad (9.3)$$

如果以 x 为条件，w 与 (y_0, y_1) 是独立的，那么式（9.3）可以简化为：

$$E(y \mid x, w) = E(y_0 \mid x) + w[E(y_1 \mid x) - E(y_0 \mid x)] \quad (9.4)$$

此外，如果 $E(y_0 \mid x, w) = E(y_0 \mid x)$ 且 $E(y_1 \mid x, w) = E(y_1 \mid x)$，那么参与垂直协作的处理效应表达式就是：

$$TE = E(y \mid x, w = 1) - E(y \mid x, w = 0) = E(y_1 \mid x) - E(y_0 \mid x) \quad (9.5)$$

考虑到 (y_0, y_1, w, x) 可以从相关总体中获得随机样本，所以 $E(y \mid x, w = 1)$ 和 $E(y \mid x, w = 0)$ 都是非参数识别的，整体上依赖于可观测的条件期望，可以得到不失一般性和一致性的估计值。对于式（9.5），常见的估计方法有极大似然法、工具变量法、二阶段最小二乘法等。

在上述分析的基础上，为了稳健地估计销售合约、股权投资两种参与方式对单位净收益的影响，我们先对单位净收益及其决定因素进行 Tobit 模型估计，以 Tobit 模型作为基准，再进行修正内生性的处理效应模型估计。两个回归结果相互比较、验证，有利于得出翔实、可信的分析结论。

9.5.3　实证回归结果

表 9-4 报告了基于极大似然法的运输成本 Tobit 模型估计结果。估计结果表明，通过签订销售合约的形式参与垂直协作对农户支付的运输成本有显著的负向影响，估计系数在 10% 的水平上通过了显著性检验。这意味着，在保持其他因素不变的条件下，与未参与垂直协作的农户相比，以销售合约形式参与协作帮助农户节约 336 元的运输费用。

表 9-5 的 Tobit 模型估计结果显示，如果保持其他条件不变，以销售合约的形式参与产业链垂直协作使农户的亩均净收益提高了 3128.25 元。需要

指出的是，由于未控制变量的内生性，处理效应可能被低估。而处理效应模型的似然比检验显示，由于自选择效应导致的内生性得到了很好的控制。

表9－5　　　　　　　　净收益的 Tobit 模型回归结果

自变量	系数	t 值	p 值
户主年龄（年）	7.029	0.32	0.748
受教育程度（年）	211.852 ***	2.92	0.004
农业劳动力（人）	213.440	1.05	0.293
苹果种植面积（亩）	260.186 ***	7.18	0.000
生产性资产（元）	806.003 ***	3.31	0.001
苹果种植年限（年）	－4.792	－0.9	0.367
谈判成本（元）	－2769.148 ***	－3.57	0.000
运输成本（元）	－2378.571 ***	－3.3	0.001
执行成本（元）	－105.334	－0.17	0.862
销售合约（是 =1；否 =0）	3128.253 ***	5.36	0.000
股权投资（是 =1；否 =0）	－390.977	－0.49	0.626
是否为陕西省（是 =1；否 =0）	－4344.482	－1.62	0.105
是否为河南省（是 =1；否 =0）	7.029	0.32	0.748
是否为山东省（是 =1；否 =0）	211.852 ***	2.92	0.004
常数项	213.440	1.05	0.293
LR 检验	208.07		
P > Chi2	0.000		
似然值	－8050.261		

注：①区域虚拟变量以是否为甘肃省为基准。② *** 表示估计系数在 1% 的水平上显著。

股权投资对单位净收益的影响不显著，可能的原因在于，农户在合作社或基地中入股，拥有了股东的身份，获得的分红按照家庭收入核算的一般规则，计入家庭投资收入而非农业经营收入，与此同时，无论农户是否拥有股东的身份，苹果销售过程一般不存在价格歧视，因而，股权投资的参与方式对单位净收益的影响不显著。

表 9 - 6 和表 9 - 7 关于销售合约处理效应模型的估计结果表明，销售合约的估计系数在 1% 的水平上通过显著性检验，且符号为正，这表明，在保持其他因素不变的条件下，农户以销售合约的形式加入垂直协作使单位净收益提高了 3997.39 元。对比 Tobit 模型和处理效应模型的回归结果可以看出，Tobit 模型由于无法控制内生性，使得处理效应被低估。

表 9 - 6　　　　　　　销售合约对净收益的处理效应模型回归结果

自变量	系数	z 值	p 值
户主年龄（年）	- 38.301	- 1.13	0.26
受教育程度（年）	103.299	0.92	0.36
农业劳动力（人）	395.536	1.25	0.213
苹果种植面积（亩）	- 173.145 ***	- 3.26	0.001
生产性资产（元）	569.850	1.53	0.127
苹果种植年限（年）	20.197	0.49	0.626
谈判成本（元）	- 7.176	- 0.31	0.754
运输成本（元）	- 6.906 ***	- 21.57	0.000
执行成本（元）	- 5.892 *	- 1.74	0.081
销售合约（是 = 1；否 = 0）	3997.390 ***	3.79	0.000
股权投资（是 = 1；否 = 0）	468.616	0.38	0.700
是否为陕西省（是 = 1；否 = 0）	- 123.074	- 0.13	0.898
是否为山东省（是 = 1；否 = 0）	3026.389 ***	3.15	0.002
是否为山东省（是 = 1；否 = 0）	686.489	0.54	0.587
常数项	10997.390 ***	3.79	0.000
LR 检验	—		
P > Chi2	0.000		
Wald 检验	562.94		
似然值	- 9646.796		

注：①区域虚拟变量以是否为甘肃省为基准。② *** 表示估计系数在 1% 的水平上显著。

表9-7 股权投资对净收益的处理效应模型回归结果

自变量	系数	z值	p值
户主年龄（年）	−31.918	−0.89	0.374
受教育程度（年）	305.945 ***	2.59	0.010
农业劳动力（人）	459.061	1.37	0.170
苹果种植面积（亩）	−131.810 **	−2.36	0.018
生产性资产（元）	663.986 *	1.69	0.092
苹果种植年限（年）	15.974	0.37	0.714
谈判成本（元）	−1.297	−0.05	0.957
运输成本（元）	−7.046 ***	−20.87	0.000
执行成本（元）	6.505 *	1.84	0.066
销售合约（是=1；否=0）	3156.894 ***	4.87	0.000
股权投资（是=1；否=0）	863.251	0.86	0.391
是否为陕西省（是=1；否=0）	2789.017 ***	2.77	0.006
是否为山东省（是=1；否=0）	1008.521	0.76	0.448
是否为山东省（是=1；否=0）	11545.290 ***	11.76	0.000
常数项	−1842.098	−0.42	0.676
P > Chi2	0.000		
Wald 检验	635.92		
似然值	−9620.4297		

注：①区域虚拟变量以是否为甘肃省为基准。② *** 、 ** 和 * 分别表示估计系数在1%、5% 和10% 的水平上显著。

9.6 本章小结

引导农户参与现代农业产业链协作和组织制度创新，适应现代农业发展和市场竞争对于现阶段的中国农业具有重要的现实意义。但是，学术界对于农户可以在多大程度上分享由紧密型的契约安排所带来的福利效应，仍存在争议，而且如何克服由于自选择导致的内生性也成为重要的关注点。

本章的理论分析表明，通过产业链上下游产业组织之间的协作，有助于提高农户对技术、资本、化学投入品等要素的可得性，生产出目标农产品并将之出售给下游的协作者，分散生产风险、市场风险，降低农户的交易成本。

在此基础上，以专业化苹果种植户为案例的实证分析结果显示，通过销售合约方式参与产业链协作对降低农户的运输成本有显著的正向影响，提高农户进入市场或与产业相关主体谈判与交易的能力，显示出显著的交易成本节约效应。与此同时，由于自选择导致的内生性容易导致农户垂直协作参与的增收效应被低估。基于处理效应模型的回归结果表明，与传统的经营方式相比，农户以销售合约的形式加入垂直协作，能提高3997.39元的单位净收益。股权投资对农户交易成本的节约和增收影响不显著，其背后的经济学逻辑在于，农户在合作社或基地中入股，拥有了股东的身份，获得的分红按照家庭收入核算的一般规则，计入家庭投资收入而非农业经营收入，与此同时，无论农户是否拥有股东的身份，苹果销售过程一般不存在价格歧视，因而，股权投资的参与方式对农户付出的交易成本和单位净收益影响不显著。

上述结论隐含的政策启示也很明显，首先，应当加强产业组织培育、提高产业纵向一体化程度，由产业链上下游合作伙伴共同分担专业化经营所需的专用性资产投资及其市场风险，促进农民增收；其次，加快农村地区的功能性市场建设，加强交通、信息、金融、交易市场等基础设施的建设与管理，提升公共服务水平，降低农户的运输成本和执行成本。

第10章 信息化对专业化
农户的影响分析

10.1 引　言

解析制约发展中国家农户参与市场的因素，给农村反贫困和农户分享专业化、市场化带来的福祉具有重要意义。因为农户参与市场交换就意味着可以更大程度地发挥自身比较优势，并从商品交换中获得更高的收益；更重要的是，依赖市场力量配置资源使得农户可以通过规模经济方式分摊固定成本、采用先进技术，进而提高生产效率。但现实中，受自然条件、社会经济环境、制度安排等因素制约，农产品市场的不完全性和高昂的信息搜寻成本限制了市场功能的发挥。

以此为背景，信息化工具的引入被视为克服信息壁垒、促进农户市场参与的有效手段。来自印度、尼日尔等国家的实证分析显示，手机的使用可以有效提高市场效率，促进不同市场间的农产品价格收敛（Jensen，2007；Muto and Yamano，2009）。学术界也有针对信息化对农户市场参与行为影响与作用机理的研究文献（Tadesseand and Bahiigwa，2015），但缺乏对中国类似问题的关注，这暗示着理论研究与中国政府连续出台农村信息化发展规划及政策导向以及中国农村信息化工具覆盖率迅速增长的发展现实也不相符。

21世纪以来，中国农村信息化发展呈现出三个显著特点：第一，以手机和电脑为标志的信息化工具在农村的普及率，在发展中国家居于首位，户均拥有量远高于印度、尼日尔、埃及、埃塞俄比亚等国家（Jensen，2010），表明中国农村信息化政策的重心与其他发展中国家间存在差异，需要适时总结中国的经验，为相关决策提供理论依据。第二，中国是转型过程中的发展中大国，区域间的自然条件、经济发展水平差异极大，而农村信息化正是在这种极端不平衡的情境下展开的，进而导致东、中、西部信息化水平差距扩大（刘世洪和许世卫，2008），这在客观上要求关于农村信息化问题及其对市场的影响研究，需要东、中、西三个区域的微观调查数据支撑。第三，中国农村信息化工具的普及主要是市场化力量诱导的结果，这与撒哈拉以南非洲国家有所差异，因为这些国家更加依赖世界银行、国际货币基金组织等机构的相关减贫项目支持。

基于上述背景与判断，本章以中国专业化苹果种植户为案例，从理论和实证分析层次阐释信息化对农户市场参与的影响机理及其边际效应，特别是要回答两个问题：一是信息化工具能否促进农产品销售市场选择和农业产业链整合？二是信息化工具能否提高农户的农产品销售价格？回答这些问题将有助于理解信息化对农户决策的影响机理和交易效率，因而具有重要学术价值和政策含义。

10.2　文　献　综　述

准确、及时的市场信息对农业发展和农民增收至关重要，因而本领域研究的热点就集中在如何理解信息对农户市场化决策的机理，以及信息化在市场功能发挥过程中的贡献和作用路径。根据新古典经济学分析框架，市场被假定为具有完全竞争和信息完全特征，这意味着市场间价格的差别主要由运输成本导致，剔除运输成本后，市场间的农产品价格将完全收敛，因而不存在套利现象。但现实中，市场通常是不全竞争或信息不完全状态，价格是内生变量。为实现利润最大化，农户必须充分利用已有信息，根据自身状况决定农产品的销售市场、销售对象，以期获得最优的销售价格（de Janvry et al.，1991；Singh et al.，1986）。因此，农业发展经济学认为，农户农产品的销售价格取决于市场的不完全程度，而且市场的不完全性通常由交易成本来测度（Shimamoto et al.，2015）。新制度经济学家则认为，交易成本是由交易性质、信息不完全性（Fafchamps，2004）、信息搜寻成本、资产专用性、交易频率、信息不确定性决定（Stiglitz，2002）。由此可见，在不完全市场环境中信息成本衍生出的交易成本占有重要比例，降低信息成本也成为推进农户专业化、市场化的关键举措。

　　已有研究指出，制度创新和技术创新对农户降低信息成本、克服信息壁垒具有明显成效，特别是手机在发展中国家的推广，对这些国家工业、农业和农村社会层面的信息成本具有显著影响（Aker，2011；Jensen，2010；Fafchamps and Bart，2012）。与没有手机的农户相比，拥有手机可显著增加农户在产品销售、农资采购等方面的信息可得性，即信息化意味着农户可获得更为有利的市场机会，包括将农产品运输至更远的市场出售，获得最优的产品价格和经营利润（Aker and Ksoll，2016）。

　　综上所述，基于欠发达国家的案例研究（Goyal，2010；Lee and Bellemare，2013），已取得一定成果，但存在进一步完善的空间。特别是已有研究主要以谷物类种植户数据为基础，而谷物的耐储存性和运输的便利性均优于水果、蔬菜等高价值农产品，购物类商品在市场供给与需求间的平滑性也远高于后者，这预示着市场信息对两类农户的作用机理和边际影响有明显差别，需要分类研究，例如，Muto 和 Yamano（2009）分析了手机对农户市场参与的影响。基于乌干达2003年和2005年两年的面板数据分析表明，手机的应用使香蕉种植户的市场参与概率提高了10%，但对谷物种植户没有影响。由此可以推知，信息化对生鲜、高附加值农产品种植户的边际影响更大。然而，学术界对源自中国案例的研究缺乏应有的关注。中国正处于转型与发展的关键时期，转型预示着在资源配置中市场和政府共同发挥作用；发展则体现在要素市场和产品市场的功能及总量、结构在持续改进；作为发展中大国则意味着存在区域间、产业间和市场主体间的严重不平衡性（陈钊和陆铭，2009）。也正因为如此，基于中国的案例研究成果来研判信息化对农户及农产品交易制度演进的影响，具有重要学术价值和决策参考价值。

本章的研究目的和主要贡献体现在两个方面：一是在理论上揭示了信息化对农户销售市场、产业链协作以及农产品销售价格的影响机理；二是在实证上以高价值农产品（苹果）种植户为样本，基于分层抽样获得覆盖中国东部、中部、西部区域的农户数据，评价现阶段信息化工具的引入对农户市场参与的贡献。

10.3　信息化对专业化农户市场行为的影响机理

10.3.1　信息化对销售市场选择的影响机理

考虑任意农户，其生产的农产品可以销往 i 和 j 两个市场，到 i 和 j 市场的运输成本分别为 τ_i 和 τ_j。如果 $\tau_i > \tau_j$，则意味着农户距 j 市场更远。为分析简便且不失一般性，两个市场的价格具有相同的分布 $F(p)$，且 $E(p_i) = E(p_j) = \mu$，μ 表示农产品销售的平均价格。在上述条件下，对于效用函数 $U(\cdot)$ 存在 $E[U(p_i - \tau_j)] < E[U(p_j - \tau_i)]$，因而农户的最优决策是将农产品运至 i 市场出售。

随着信息化工具的引入，农户可以知悉 i 和 j 两个市场的价格信息。如果 $p_i - \tau_i \geqslant p_j - \tau_j$，作为理性人的农户选择 i 市场仍是最优策略；否则，j 是最优选择，而价格期望与农产品销售的平均价格的关系就变为：

$$E[p_i \mid p_i - \tau_i \geqslant p_j - \tau_j] \Pr(p_i - \tau_i \geqslant p_j - \tau_j) +$$
$$E[p_j \mid p_i - \tau_i \geqslant p_j - \tau_j] \Pr(p_i - \tau_i \geqslant p_j - \tau_j) \geqslant \mu \qquad (10.1)$$

式（10.1）成立的关键条件是 $p_i > p_j$，而这种情形意味着 $\tau_j - \tau_i$ 与两个市场的价格方差高度相关或者两个市场的价格高度相关。因此，随着市场信息的可得性提高，农户可以在不同市场实现套利，即为获得更高的销售价格，农户会选择在更远的市场上出售农产品。上述分析为理解农户在不同市场间的套利行为提供了一个理论证据，那么，究竟信息化工具的引入如何具体影响农户销售市场的实践选择，则需要进一步的分析。

在现实中，农产品的主要销售市场包括门槛市场、村域市场、局域市场和区域中心市场等。由于自然环境和社会经济条件的限制，这些农产品销售市场并不是完全竞争的，而是存在一定的市场壁垒。比较而言，这四种农产品销售市场的主要差别体现在市场交易效率和市场进入壁垒两个方面。例如，不同市场的专业化水平、产业主体集聚程度、基础设施状况导致市场间的交易效率存在显著差别（如图 10-1 所示），而小规模农户由于有限的市场行为能力而被排斥在高交易效率的市场之外。此时，农户需要获得额外的信息流来克服不同的市场壁垒，提高交易效率和销售收入。在这一过程中，信息化技术引入对农户的影响主要集中于通过改善信息可得性，进而提高自身的市场进入能力和留住能力，也在客观上提高了市场一体化程度。

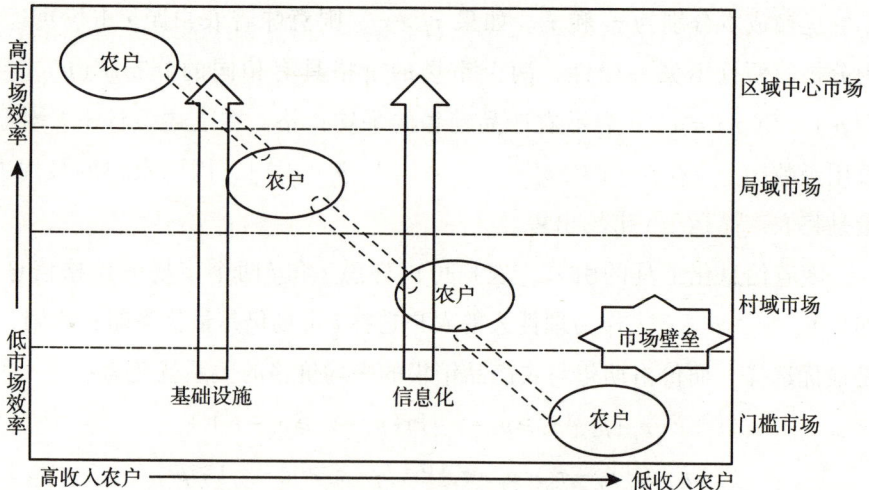

图 10-1　信息化对农产品市场选择的影响

10.3.2　信息化对产业链一体化的影响机理

产业链一体化是指农产品产业链上、中、下游的产业组织之间在农产品生产、销售等环节进行协作的合作形态，其实质是一种双边或者多边的契约安排。与工业生产相比，农业更加依赖"有机能源"，涉及的经营主体更为复杂和多样化，且农产品具有易腐烂、储运成本高、市场风险大的特点，因而对垂直协作的需求更为迫切。从比较分析的角度来看，传统的农产品产业链主体之间主要由产品价格信号和法律、社会风俗、习惯等制度安排来链接，相互间的协作关系较为松散（Streeter et al.，1991），具体的作用机理如图 10 - 2 所示。

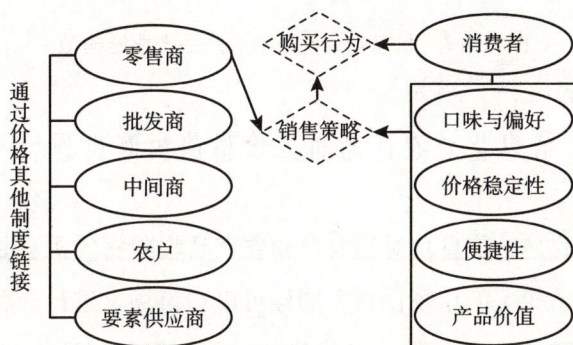

图 10 - 2　传统的农产品产业链构型

随着信息化技术的应用和普及，提高了产业链主体的信息可得性，这意味着关于消费者消费口味、偏好、食品安全、环境保护等消费理念的相关信息在生产者、消费者、购销商等主体之间的共享程度和流动性得到加强，信息成为连接产业链主体的又一个重要元素（如图 10 - 3 所示）。由此可见，信息化对产业链一体化的影响主要体现在信息化技术的引入提高了信息流动性，通过信息流共享使产业链主体之间的协作关系更加紧密，而且这种协作关系的紧密程度也会进一步影响农户的要素投入品价格和农产品价格。

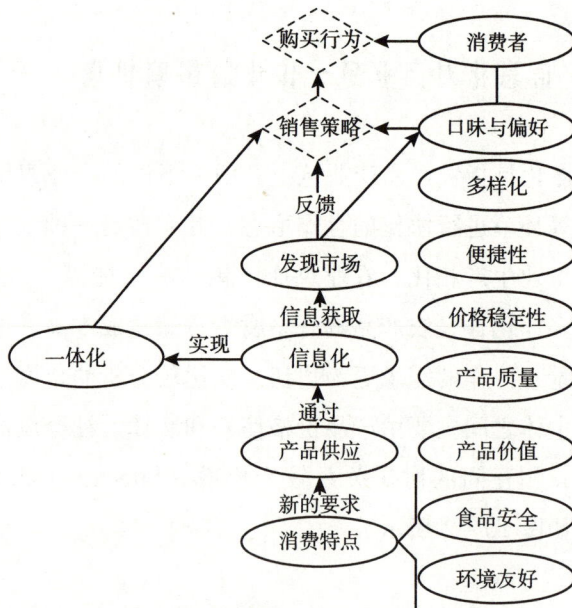

图 10 −3　信息化条件下的农产品产业链构型

10.3.3　信息化对农产品销售价格的影响机理

需要指出的是，信息化对于农户和农产品收购商的机会是均等的，即如果收购商得悉相关的市场信息，同样可以在市场上进行套利。即如果收购商拥有知悉市场价格 p_i 的信息优势，而农户仅了解价格的分布 $F(p_i)$，在完全竞争环境下，如果不存在合谋行为，那么销售价格将始终是 p_i；如果农产品交易发生在田间，农户和收购商属于一对一的谈判博弈，那么农户将降低要价直到达到买方的保留价格。

此时，未获悉市场信息的农户（即农户面临信息不完全的市场环境），其在田间市场销售农产品的收益期望为 $E[U(p_i-\tau_i)]$，令 $\tilde{p}_i = p_i - \tau_i$ 表示剔除运输成本后的价格，且有 $\mu \equiv E[\tilde{p}_i]$。此时，如果农户属于风险规避型（即农户选择风险规避型决策），在田间销售的保留价格为 $p_i^r = \tilde{\mu} - \pi$，那么：

$$U(\tilde{\mu} - \pi) = E[U(\tilde{p}_i)] \tag{10.2}$$

对式（10.2）取泰勒近似，可得：

$$U(\tilde{\mu}) - U'(\tilde{\mu}) \approx E[U(\tilde{\mu}) + U'(\tilde{\mu})(\tilde{\mu} - \tilde{p}_l)] + \frac{1}{2}U''(\tilde{\mu})(\tilde{\mu} - \tilde{p}_l)^2$$

$$\tag{10.3}$$

由式（10.3）可以得到 π 的表达式：

$$\pi \approx -\frac{1}{2}\frac{U''(\tilde{\mu})}{U'(\tilde{\mu})}\sigma^2 = \frac{1}{2}RCV^2 \tag{10.4}$$

式（10.4）中，R 表示农户的风险态度，σ^2 表示市场价格方差，$CV = \sigma/\tilde{\mu}$ 表示价格的变异系数。由式（10.4）可知，收购商可以从未知悉市场信息的农户处以 $p_i^r = \tilde{\mu} - \pi$ 的价格持续购入农产品。只有当 $p_i < p_i^r$ 时，市场真实价格低于农户的保留价格。换言之，农户找不到中意的买主，需要将产品运到更远的市场以 $p_i < \tilde{\mu} + \tau_i - \pi$ 的价格出售。此时，市场上农户的平均销售价格就是：

$$\mu - \tau_i \geq (\mu - \tau_i - \pi)\Pr(p_i \geq \mu - \tau_i - \pi) + E[p_i \mid p_i < \mu - \tau_i - \pi]$$

$$\Pr(p_i \mu - \tau_i - \pi) \tag{10.5}$$

结合式（10.4）和式（10.5）可知，农户的风险厌恶程度越高，平均销售价格越低；市场价格的变异系数越大，田间市场平均销售价格越低。但如果引入信息化工具，提高农户的信息可得性，那么农户的田间市场保留价格就变为 $p_i - \tau_i$，预期销售价格是 $\mu - \tau_i$，而其他市场的价格是 μ。因此，面对相同的市场信息环境，信息化农户将获得更高的产品销售价格。

上述分析可知，推进信息化会对农户农产品销售市场的选择产生影响。另外，农户在信息条件得到改进的市场环境中，与收购商的谈判能力也得到提高，进而获得更高的销售价格。需要指出的是，现实中的农村社会经济实践是否与该理论预测相一致，仍然需要基于调查数据和恰当的计量模型进行检验。

10.4　计量模型构建

考虑到本章的研究目的是考察信息化是否促进了农户的销售市场参与和产业链垂直协作参与这一经济命题，而不是反复关注不同销售市场间的差别以及不同产业链协作形式间的差别的结构性现象，为了分析的简便且不失一般性，我们使用 Probit 模型进行实证分析。具体地，如果农户选择在门槛市场销售农产品，那么赋值为 0，否则赋值为 1；如果农户的产业链参与形式为"农户 + 市场"形式，那么赋值为 0；否则赋值为 1。模型的基本形式如下：

$$y = \beta_0 + \beta_1 X_1 + \beta_2 X_2 + \cdots + \beta_{12} X_{12} + \beta_{13} X_{ie} + u \tag{10.6}$$

其中，y 表示农户的参与行为，β 表示待估计的参数，X 表示影响农户参与行为的其他因素，这些变量具体的定义和测度方法如表 10 – 1 所示；X_{ie} 表示农户的信息化水平，当 $i = 1$ 时，X_{1e} 表示农户使用家庭互联网服务的费用；当 $i = 2$，X_{2e} 表示农户使用手机服务的费用。这里需要指出的是，由于刻画农户信息化程度的 X_{ie} 可能内生于农户的受教育程度、年龄、生产规模、专业化程度等因素，这意味着直接对式（10.6）的估计是有偏的，信息化对农户市场参与的影响可能被高度或者低估，而应对这一连续变量内生性的一个常见方法是引入工具变量进行估计（Wooldridge，2010）。换言之，为了无偏地测度信息化对农户市场参与的影响，X_{ie} 的内生性要求我们选择一个工具变量 Z_1 来克服估计偏误。这里的 X_{ie} 和 Z_1 的简化函数（reduced-form equation）可以表述为：

$$X_{ie} = \delta_0 + \delta_1 X_1 + \cdots + \delta_{12} X_{12} + \theta_{1i} Z_1 + r \tag{10.7}$$

表 10 -1　　　　　　　　　　模型变量描述

指标		变量名	测度	均值	方差
因变量		销售市场一体化	0 = 门槛市场；1 = 其他	0.22	0.41
		产业链一体化	0 = 农户 + 市场；1 = 垂直协作	0.07	0.25
自变量	信息化水平	X_{1e} 年上网费用	元	831.95	433.42
		X_{2e} 年手机话费	元	682.68	589.38
	工具变量	Z_1 拥有县域苹果电子交易平台	有 = 1；无 = 0	0.33	0.47
	信息准确性	X_1 市场信息准确性	1 = 非常不准确；2 = 不准确；3 = 一般；4 = 准确；5 = 非常准确	3.2925	1.0837
	谈判能力	X_2 买方是否支付押金	是 = 1；否 = 0	0.46	0.49
		X_3 合同是否规定收购时间	是 = 1；否 = 0	0.05	0.21
		X_4 苹果销售时间	小时	61.77	91.12
	农户人力资本	X_5 户主年龄	年	50.13	9.31
		X_6 户主受教育水平	1 = 文盲；2 = 小学；3 = 初中；4 = 高中；5 = 大专及以上	2.89	0.86
		X_7 家庭农业从业劳动力	人	2.12	0.92
	农业经营特征	X_8 农地面积	亩	10.51	9.79
		X_9 专业化水平	苹果种植面积占总土地面积比重（%）	0.79	0.23
	区域虚拟变量	X_{10} 是否位于陕西省	是 = 1；否 = 0	—	—
		X_{11} 是否位于甘肃省	是 = 1；否 = 0	—	—
		X_{12} 是否位于山东省	是 = 1；否 = 0	—	—

注：区位虚拟变量以河南省为参照。

联立式（10.6）和式（10.7）可得：

$$y = \alpha_0 + \alpha_1 X_1 + \alpha_2 X_2 + \cdots + \alpha_{12} X_{12} + \lambda_i Z_1 + v \qquad (10.8)$$

其中，$v = u + r$ 表示合并后的误差项，$\alpha_j = \beta_j + \beta_{13}\delta_j$，$0 \leqslant j \leqslant 13$，$\lambda_i = \beta_{13}\theta_{1i}$。式（10.7）和式（10.8）中的 Z_1 需要满足 $Cov(Z_1, u) = 0$ 和 $\theta_{1i} \neq 0$ 两个条件。

从研究需要和数据可得性两方面出发，本章选择县域内苹果电子交易平台建设情况作为农户信息化程度的工具变量进行实证分析。这样做的原因在于：一方面，区域性的信息平台建设客观上为农户信息化提供了信息基础设施和硬件条件，将会刺激农户的信息产品和服务的消费与投资。另一方面，它也不直接影响农户市场参与，因而能够较好地满足前述工具变量的两个要求。

根据实地调查，具体的县域苹果电子交易平台包括两种应用形式，一种是基于电脑网络，以苹果现货电子交易、市场信息咨询、苹果交易中介、苹果代购代销和储运配送业务为重点，以组织引导县域内苹果交易商通过电子商务的营销方式进行苹果的采购和销售服务为服务内容的交易平台，典型的代表有栖霞苹果电子交易中心、洛川苹果电子交易中心、三门峡苹果电子交易中心等；另一种是基于智能手机平台，具备苹果交易、农资交易、物资交易、苹果原产地溯源、仓储服务、物流配送、银行结算等功能模块，是一种为果农、经销商和果品企业提供全方位的农产品电子商务综合服务手机终端交易平台，典型代表是"白水苹果"手机 APP，这两种电子交易平台都具有较强的地域性特征。在实证分析中，如果样本农户所在县域内存在上述电子交易平台，则记为 $Z_1=1$，否则 $Z_1=0$。此外，为了检验回归结果的稳健性，通常会报告式（10.6）和式（10.8）两个回归结果。

10.5 实证回归结果

10.5.1 信息化对农户销售市场选择的影响

前文分析表明，农产品销售市场选择的实质是利用不同市场间的价格差别实现利润最大化的一种套利行为。在不完全市场条件下，不同市场间甚至不同购销商之间的价格都会存在差别，因此，农户必须搜寻相应的市场信息以便在不同的销售市场间和销售对象间做出抉择。实证分析的目的就在于检验信息化是否对农户的市场选择产生影响。

表 10－2 的第（1）列和第（3）列分别报告了电脑互联网使用对农户销售选择参与影响的 Probit 模型基本型和 Probit 模型工具变量法（IV Probit）的回归结果；第（2）列和第（4）列分别报告了手机使用对农户销售市场选择影响的回归结果。对比 Probit 模型和基于工具变量方法的 Probit 模型估计结果可知，未考虑信息化内生性的 Probit 模型结果容易高估或者低估信息化的影响，因而我们的分析主要基于工具变量法回归结果展开。

表 10－2　　　　　　　　　　销售市场参与的估计结果

自变量		Probit 模型				IV Probit 模型			
		第（1）列		第（2）列		第（3）列		第（4）列	
		系数	p 值	系数	p 值	系数	p 值	系数	p 值
信息化水平	X_{1e}	0.1781*	0.10	—	—	1.7885***	0.00	—	—
	X_{2e}	—	—	0.0130	0.71	—	—	0.5071***	0.00
信息准确性	X_1	0.0655	0.14	0.0696	0.12	0.1030***	0.00	0.0527	0.11
谈判能力	X_2	-0.3312***	0.01	-0.3439***	0.01	-0.3360***	0.00	-0.2767***	0.01
	X_3	-0.5058	0.14	-0.4933	0.15	-0.0829	0.74	-0.2439	0.23
	X_4	0.0013***	0.01	0.0013***	0.01	0.0013***	0.00	0.0006	0.21
人力资本	X_5	-0.0041	0.46	-0.0058	0.29	-0.0146***	0.00	-0.0109***	0.00
	X_6	0.0483	0.43	0.0588	0.33	0.1466***	0.00	0.0578	0.15
	X_7	-0.0042	0.95	0.0036	0.95	0.0661	0.13	0.0402	0.26
经营特征	X_8	0.0040	0.55	0.0051	0.44	0.0109**	0.03	0.0079*	0.06
	X_9	0.2714	0.21	0.3063	0.16	0.4262***	0.01	0.2324	0.14
区域变量	X_{10}	-0.1234	0.56	-0.1041	0.62	0.0967	0.56	0.3447**	0.02
	X_{11}	-0.4319**	0.04	-0.3872*	0.06	0.1453	0.47	0.1030	0.54
	X_{12}	0.8722***	0.00	0.8919***	0.00	0.6968***	0.00	0.2450	0.27
	Constant	-1.4094***	0.01	-1.3875***	0.01	-0.8914**	0.04	-0.1251	0.78

续表

自变量	Probit 模型				IV Probit 模型			
	第（1）列		第（2）列		第（3）列		第（4）列	
	系数	p 值	系数	p 值	系数	p 值	系数	p 值
Wald Chi（13）	229.65		227.23		580.66		114.43	
Prob > Chi2	0.0000		0.0000		0.0000		0.0000	

从实证结果看，电脑和手机两种信息工具的使用对农户的销售市场参与具有显著的正向影响，两个变量的估计系数均在 1% 的水平通过显著性检验，也就是说反映信息化水平变量的农户家庭电脑互联网费用和手机费用越高，农户在村域以外销售农产品的概率越大。这背后的经济学逻辑与前文分析一致：一方面，手机和电脑等信息化工具的引入能够改善农户的信息不完全局面，提高农户市场信息的可得性，进而提高农户的局域市场进入能力和留住能力，在一定程度上帮助农户克服市场的无效率。另一方面，电脑和手机的使用降低了农户的信息搜寻成本，使农户与其所在的社会网络或商业网络内的其他个体的互动更加便利，这不仅提高了农户的信息可得性，同时也扩大了农产品生产、销售过程中的"学习效应"，形成信息流动的外部性。

10.5.2　信息化对农户产业链垂直协作参与的影响

表 10-3 中的第（1）列和第（3）列分别报告了电脑互联网使用对农户垂直协作参与影响的 Probit 模型基本型和工具变量模型的回归结果；第（2）列和第（4）列分别报告了手机使用对农户垂直协作参与影响的回归结果。从表 10-3 的结果可以看出，电脑、手机的使用对农户的产业链垂直协作参与正向影响，估计系数在 1% 或 10% 的水平上显著。这预示着农户的信息化水平越高，农户参与产业链协作的概率越大。这一实证结果充分支持了前文的理论假设：电脑互联网和手机的应用和普及，

提高了农户的信息可获性，关于消费者消费口味、偏好、食品安全、环境保护等相关信息在农户和消费者、购销商等主体之间的共享性进一步提高。换言之，信息化对产业链一体化的影响主要体现在信息化技术的引入提高了信息流动性，通过信息流共享使产业链主体之间的协作关系更加紧密。

表 10 - 3　　　　　　　　　　　垂直协作参与的估计结果

自变量		Probit 模型				IV Probit 模型			
		第（1）列		第（2）列		第（3）列		第（4）列	
		系数	p 值	系数	p 值	系数	p 值	系数	p 值
信息化水平	X_{1e}	0.3297 ***	0.00	—	—	1.4641 *	0.10	—	—
	X_{2e}	—	—	0.0176	0.42	—	—	0.4635 ***	0.00
信息准确性	X_1	0.2626 ***	0.00	0.2643 ***	0.00	0.1831	0.12	0.1038	0.43
谈判能力	X_2	-0.2878 *	0.06	-0.3171 **	0.04	-0.1462	0.49	0.0058	0.98
	X_3	0.0466	0.89	0.0906	0.79	-0.0679	0.83	0.1490	0.49
	X_4	-0.0018 *	0.10	-0.0015	0.15	-0.0019 *	0.06	-0.0009	0.28
人力资本	X_5	0.0080	0.26	0.0050	0.47	0.0142 *	0.06	0.0106 **	0.02
	X_6	0.1220	0.12	0.1393 *	0.07	0.0271	0.82	0.0311	0.72
	X_7	0.0835	0.15	0.0926 *	0.09	0.0297	0.70	0.0121	0.85
经营特征	X_8	-0.0083	0.39	-0.0061	0.51	-0.0118	0.16	-0.0085	0.13
	X_9	0.0024	0.99	0.0532	0.85	-0.1792	0.55	-0.1102	0.58
区域变量	X_{10}	0.5123	0.12	0.5058	0.12	0.3256	0.38	-0.0897	0.81
	X_{11}	0.6228 **	0.05	0.6952 **	0.03	0.2791	0.55	0.1476	0.72
	X_{12}	0.5468 *	0.07	0.5637 *	0.06	0.3150	0.40	0.2789	0.36
Constant		-3.7019	0.00	-3.6313	0.00	-3.0457	0.02	-2.0338	0.20
Wald Chi (13)		46.25		38.76		69.43		319.23	
Prob > Chi2		0.0000		0.0002		0.0000		0.0000	

注：*** 、** 和 * 分别表示估计系数在 1%、5% 和 10% 的水平上显著。

此外，已有研究中其他国家信息化的案例分析也与上述结论一致，其中主要的理论逻辑体现在：一方面，生产技术的进步为基于信息技术的产业链行为主体间的协作提供了契机，特别是现代生物技术的应用使特定投入品可以根据现实需求进行针对性调整和改进，在这种情境下，信息技术使农户在化学品投入和资源型要素投入的精准程度进一步提高，保证了下游消费者个性化需求得到满足。另一方面，信息技术的发展使生产者和消费者的信息流动和反馈机制更加顺畅，特别是消费者数据传输网络的建立（例如，*Consumer Data Transmission Network*，*FarmDayta* 等）使得消费者的需求、偏好等信息基于互联网实现了与生产者的信息共享，不仅为农产品市场的细分和潜在市场开发创造了条件，也为个性化产品和服务的提供提供了新的可能性。

10.5.3 信息化对农户农产品销售价格的影响

为检验信息化对农产品销售价格的影响，本章以 OLS 模型为参照，引入工具变量方法来修正信息化的内生性，估计结果在表 10 - 4 中报告。电脑互联网的使用在不考虑内生性的 OLS 模型（第（1）列）和工具变量回归模型（第（3）列）的回归结果对农户的销售价格有显著的正向影响，这与 Shimamoto 等（2015）的研究结论一致。随着信息化工具的引入，农户对市场信息的可得性以及信息的准确性、时效性得到增强，市场信息不完全的困境得到了改善，在与收购商谈判和博弈过程中，更有可能以理想的价格销售农产品。其中的作用机理正如前文的理论分析所示，电脑和互联网这一信息通信工具的引入有助于改变农产品市场的收购商寡头垄断格局，丰裕的信息流改变了市场参与者的信息不完全状况，降低了生产者和购销商的交易成本，购销商利用信息优势在不同市场上实现套利的空间越来越小。

表 10 - 4　　　　　　　信息化对农产品销售价格影响的回归结果

自变量		OLS 模型				IV 模型			
		第（1）列		第（2）列		第（3）列		第（4）列	
		系数	p 值	系数	p 值	系数	p 值	系数	p 值
信息化水平	X_{1e}	0.1934**	0.05	—	—	4.3487**	0.014	—	—
	X_{2e}	—	—	0.0133	0.57	—	—	2.3077	0.21
信息准确性	X_1	-0.0683*	0.10	-0.0624	0.13	-0.2133**	0.021	-0.2155	0.24
谈判能力	X_2	0.1310	0.26	0.1188	0.31	0.5002**	0.043	0.9733	0.22
	X_3	-0.1474	0.51	-0.1258	0.58	-0.5486	0.180	0.3848	0.65
	X_4	0.0009*	0.08	0.0009*	0.07	-0.0003	0.734	0.0001	0.97
人力资本	X_5	0.0006	0.91	-0.0004	0.94	0.0270*	0.053	0.0414	0.27
	X_6	0.0377	0.49	0.0488	0.37	-0.2253	0.117	-0.1430	0.54
	X_7	-0.0118	0.81	-0.0059	0.90	-0.1608	0.115	-0.1817	0.39
经营特征	X_8	-0.0003	0.96	0.0005	0.94	-0.0196	0.113	-0.0294	0.33
	X_9	0.8377***	0.00	0.8640***	0.00	0.1829	0.673	0.1568	0.86
区域变量	X_{10}	0.4964***	0.01	0.5030***	0.01	0.1405	0.700	-1.2141	0.43
	X_{11}	0.1127	0.56	0.1469	0.45	-0.7452	0.125	-0.8366	0.41
	X_{12}	0.5663***	0.00	0.5889***	0.00	0.0853	0.809	0.6147	0.28
Constant		1.3295***	0.01	1.3080***	0.01	1.6509**	0.035	0.1776	0.92
F test		3.62		3.34		4.14		0.43	
Prob > F		0.0000		0.0001		0.0000		0.9582	

注：***、**和*分别表示估计系数在1%、5%和10%的水平上显著。

手机的使用对农户农产品销售价格的影响在不考虑内生性的 OLS 模型（第（2）列）和工具变量回归模型（第（4）列）的回归结果都不显著。造成这一结果的原因可能包括两个方面：一是样本区域手机的覆盖率已经接近100%，这预示着随着手机的普及，农户无法再通过"点对点"的信息通信工具获得信息垄断优势，因而也不可能在不同市场间进行套利，获得"信息红利"；二是电脑互联网与手机在信息检索方面可能存在一定的替代性（陈玉宇和吴玉立，2008）。

10.6 本章小结

信息作为现代经济的核心要素，对转型国家的农户打破传统的低水平均衡，实现由传统农业向现代农业生产的转变具有重要意义。因而，近年来中央和地方政府也高度重视农村信息化工作，持续出台有力的政策举措，引导加快推进农业和农村的信息化程度和信息网络的覆盖范围。在政策利好和信息化技术迅速发展的双重作用下，中国农村信息化工具覆盖率迅速增长。以此为背景，本章分析了信息化对农户农产品销售市场和农产品销售价格的影响机理，并基于中国苹果主产区的专业化农户调查数据，对信息化的影响进行实证评价。

基于工具变量法的 Probit 模型回归结果显示，电脑和手机两种信息工具的使用对农户的销售市场参与的影响显著为正，这意味着手机和电脑两种信息化工具的应用通过改善农户的信息不完全局面，对农户销售市场选择和垂直协作参与产生正向的促进作用。与此同时，电脑和手机的使用对农户的产业链垂直协作参与有正向影响，估计系数在 1% 或 5% 的水平上显著。这表明，信息化工具促进了信息流在不同市场主体间的共享程度和信息的流动性，通过信息共享使主体间的协作性更加紧密。

基于工具变量法的 OLS 回归结果显示，电脑网络这一信息化工具的引入使农户对市场信息的可得性以及信息的准确性、时效性得到加强，进而提高了农户的农产品销售价格。换言之，现代信息通信工具的引入有助于改变农产品市场的收购商寡头垄断格局，丰裕的信息流改变了市场参与者的信息不完全状况，提高了农户的产品销售价格。

进一步将上述研究结果与已有研究进行横向对比发现，中国的农村信息化工具覆盖率在发展中国家居于领先地位，例如，"点对点"的信息工具，特别是手机的覆盖率已接近 100%，而"点对面"的信息工具——电脑网络的普及率迅速增长。无论是与印度这样的新兴经济体还是与撒哈拉以南非洲的欠发达地区相比，这种发展阶段的差异导致的一个直接后果就是信息工具的边际效应差别化——在手机发挥信息搜寻功能的同时，电脑网络的边际贡献开始愈加突出，而这一特点在其他发展中国家的体现尚不明显。

与此同时，虽然包括本章在内的大部分研究都证实，信息化对农产品市场一体化和产业链一体化都有显著的促进作用，同时也有助于改善农户的信息不完全性，获得较高的产品销售价格，但也有案例显示手机的使用并不一定对农产品的销售价格和农户决策产生影响（Tadesse and Bahiigwa，2015）。其中的原因可能集中在以下两个方面：第一，农产品属性差异。相关案例表明，农产品的耐腐性、耐储存性、运输便利性越高，市场间的套利空间越小，相应的信息化工具的影响越微弱。例如，来自尼日尔、印度的实证结果（Aker and Mbiti，2010）表明，从事高粱、小米、豇豆、鲜活海产品种植和生产的四类农户中，手机的使用降低了豇豆和海产品生产者间的价格利差，但对高粱和小米种植户的影响不显著。第二，信息来源差异。世界银行基于西部非洲和撒哈拉以南非洲地区的市场信息系统和信息沟通技术自然实验结果显示，参与上述项目进而获取来自政府农技推广机构和第三方公益机构信息的农户，其市场参与率和价格收敛性方面明显高于未参与的农户。

上述基于微观调查数据的实证分析以及与其他发展中国家横向对比分析的结论可以带来以下启示：首先，中国农村手机普及率接近饱和，但电脑和互联网络的覆盖率仍有待于进一步提高，特别是在广大的中西部地区，克服自然环境和社会经济条件的约束，提高户均电脑和网络的普及率仍是信息化政策的首要任务之一。其次，将生鲜、高附加值农产品专业化产区作为农村信息化建设的重点区域，充分发挥信息化工具对于农户市场参与、信息搜寻等领域的贡献。最后，充分借鉴其他发展中国家的信息化经验，重视农产品生产、销售相关信息的搜集和发布，进一步提高相关信息在"点对点""点对面"信息平台的共享程度，鼓励公益机构、农业技术推广机构利用公共信息资源，在公益服务的基础上，进行农业农村信息化产品开发、信息服务、应用推广以及信息服务形式的创新，通过增值服务获取合理利润。发挥运营商信息终端普及率高的优势，提高信息服务的覆盖率。

第11章 研究结论与政策建议

11.1 研究结论

农村改革以来，以农户家庭为微观经营单位的制度安排焕发出巨大的生机和活力，但随之而来的经营规模小、经营分散、组织化程度低、农地细碎化、竞争力差、农民持续增收乏力等问题使得我国农业和农村再次进入改革的加速期和关键环节。在经济转型的历史背景下，市场和政府之间的模糊不清的界限和功能定位，导致要素配置和产品流动的交易成本居高不下，市场主体行为扭曲。因而，考察交易成本不为零条件下的农户市场行为规律，是矫正市场主体行为扭曲的理论基础。

以此为背景，本书综合运用比较静态分析方法和实证研究方法，在充分总结农户市场行为的已有研究成果基础上，构建了交易成本不为零条件下的农户要素配置和市场参与理论两个理论模型，并分别基于库恩—塔克定理和拉格朗日定理，对农户要素配置行为和市场参与行为的最优化问题进行求解，提出总体研究假设。同时，综合考虑农户抽样的统计学原理与现实条件，制定了以苹果种植户为案例的专业化农户调查方案，依照该方案共获得有效的农户样本 1079 个，苹果专业合作社样本 27 个，企业样本6 个，为后续的实证分析奠定了良好的数据基础。

本书的理论研究基本结论如下：

从历史的维度来看，针对农户行为的研究紧密围绕现代经济学的发展路径，经历了从古典经济学到新古典经济学再到交易成本经济学的嬗变过程，研究主线具有内在一致性，这也成为本书研究中构建农户行为理论体系的起点。在新古典经济学的分析框架下，经济学家假设对农户作为生产者和消费者之间的协调（默认的制度安排）是预先存在的，并假设交易商品的性质是事先固定的，而且假设所有市场的行为人高效地参与这一匹配过程，低估了农户和产后组织之间的协调问题，使分析偏重于农户的生产和分配活动，这与真实市场的思想相抵触。因此，对大量涉及组织和协调供求双方决策的农户市场行为而言，这种理论很不适宜。在这种背景下，新制度经济的分析范式迅速兴起，广泛地用于分析农户的市场参与行为、契约关系选择行为、农产品销售行为以及纵向一体化行为等方面的研究。从已有研究来看，其不足之处在于：在研究内涵上，对交易成本的内涵、外延存在认识上的分歧，针对交易成本与农户行为的研究尚未形成严谨一致的分析范式；在研究内容上，已有研究对不同制度环境下的农户市场行为规律和特征缺乏梳理和归纳。

在理论层次，本书将农户市场行为定义为在给定的资源与环境约束下，从事专业化生产和市场化销售的农户为了实现利润最大化的目标，在要素市场和产品市场采取的"要素配置、农产品销售和市场参与"等多方面的行为决策与偏好。基于比较静态分析和超边际分析的结果显示，农户是否进行专业化生产取决于农户是否进行专业化生产，取决于农户的交易效率，即交易成本系数的高低；专业化生产的内容则取决于农产品的比较收益。要素市场的交易成本具有类似于对参与要素市场的农户征收了隐性的"累进税"，制约了农户的参与行为，降低了要素的配置效率，而活跃的要素市场对于分摊由于资产专用性导致的固定交易成本，转移资产专用性风险有重要意义。在产品市场上，固定交易成本和可变交易成本直接影响农户的收入，导致农户的效用曲线向左移动。同时，如果农户出售农产品获得的生产者剩余完全补偿为参与市场付出的可变交易成本时，农户将成为农产品的出售者；如果农户购买农产品获得的消费者剩余大于为参与市场付出的可变交易成本，农户将成为农产品的购买者；概括而言，农户将根据预期参与市场（出售或购买）获得的市场剩余（生产者剩余或消费者剩余）对其参与市场预计付出的可变交易成本的补偿程度，相机抉择成为农产品市场中的供给者、购买者，或自给自足。

在理论分析的基础上，基于经典计量模型和微观调查数据的实证研究结果总结如下：

第一，土地规模化流转是农业现代化的基础和前提，但现阶段农地流转的必然性和迫切性与现实中农地流转的滞后性之间的矛盾突出，农地租赁市场的资源再配置功能发挥有限。如果将专业化农户的农地流转决策从是否流入农地和流入农地规模两个维度来解析，那么农户是否流入农地取决于农户的实物资产专用性、人力资本专用性和农地流转的社会经济风险，农地流入规模取决于土地的边际收益、生产能力以及农地流转的搜寻成本、谈判成本和执行成本，农地租赁价格的影响不显著；随着农地流入，农户经营规模扩大，有助于改善农户福利。农地租赁价格信号并未发挥应有的杠杆作用。理论上，清晰的产权界定是市场交易的前提，也是市场价格发挥杠杆作用的前提。农地作为生产性资产，其市场价格不仅包括该生产要素的机会成本，同时也含有这种资产未来的潜在使用价值。与其他各种安排相比，市场提供上述价格信息的成本很多，相应地，一切生产性资源的市场价值决定人们对最终物品和服务的需求状况。但是，目前中国农村土地的产权制度安排遵循"落实土地所有权、稳定农户承包权、放活土地经营权"的基本原则，具有"三权分置"的特点。

第二，以要素市场中的技术交易为研究对象，以专业化农户技术采纳行为为研究内容，从交易成本的角度解释为什么中国苹果产业在劳动力价格持续上升的背景下，现实迫切需要以节约劳动力核心的矮化集约栽培技术，而该项技术的推广进度却远远滞后的经济学问题。基于 Cragg's Double Hurdle 模型的实证检验证据表明，技术市场的固定交易成本限制了农户的技术可得性，农户离技术供给主体的距离越远，其获得技术的可能性越低。技术市场的可变交易成本中，信息成本对农户的技术采纳行为构成明显的约束作用，农户的信息对称性越强，其采纳新技术的概率就越大。在产品市场上，产品市场固定交易成本和可变交易成本对农户技术采纳行为的影响显著，多年生经济作物对生产经营所需的固定资产投资要求与技术要求均高于粮食作物，且经济作物的实物资产专用性要求通常与人力资本专业性要求紧密结合在一起，表现为生产设施与农户的生产技术、经营管理等专业化水平相匹配。

第三，农户市场参与行为的实证检验结果显示，资产专用性将提高农户的交易成本、市场风险和不确定性，因此，农户一个可能的选择是扩大经营规模，增强市场的进入能力和"留住"能力；距市场的距离对农户的市场化参与程度有显著的负向影响；农产品的运输方式对农户的市场化程度有显著影响，且呈现出梯次降低的特点。表征要素价格的"每亩苹果园租赁价格"金额"农忙时节劳动力雇工价格"变量的回归系数具有统计显著性，但不具有经济显著性；农产品的结算方式对农户的市场化程度有显著影响。这意味着降低农户的交易成本应该是推动农户参与市场，实现小规模农户与大市场对接的有效举措。例如，推进劳动密集型种植业生产的纵向一体化，通过利益共享和风险共担的一体化机制来节约交易主体的交易成本，同时规范一体化法律法规，保障当事人利益；着力加强以农民合作组织的新型农业产业组织体系创新，优化政府支持模式，提高政府扶持效率；加强横向多元化规范和服务社会化机制创新，提高农户的市场参与程度和专业化水平。

第四，农户的渠道选择行为实证结果显示，信息成本是农户面临的强约束，农户缺乏及时、可靠的市场信息来源，存在"信息困境"；谈判成本变量的回归结果证实，农户在谈判过程中的话语权有限，面临交易成本和生产者剩余分割的两难选择。执行成本对农户的销售渠道选择也有显著影响，尤其是结算方式和违约情况是农户销售渠道选择考虑的重要因素；销售环境对农户销售渠道选择影响显著，"距离的暴政"可能会降低农户的福利水平。本章的研究结论还证明，农户加入合作社可以使农户获得信息优势和规模优势，降低农户的搜寻成本，农户个体特征对销售渠道选择影响不显著。

第五，农户的产品销售行为实证分析显示，如果农产品的交易成本并未随着数量的增加而增加，即存在着农产品销售的规模效应，那么农户更倾向于选择专业市场销售农产品。农户的区位对农户的销售行为有重要影响，农户离专业市场的距离越近，越倾向于选择专业市场；离专业市场的距离越远，越倾向于选择就近销售。农户拥有的运输工具现代化水平越高，运输时间越短，那么农户越倾向于选择专业市场销售。随着距市场距离的增加，收入水平低的农户比收入水平高的农户更倾向于选择在专业市场销售农产品。专业市场发育较好的地区可以通过规模效应和集聚效应，为规模经济不显著的市场参与者节约交易成本。

第六，经济转型时期，农产品交易成本和市场风险成为农户分享经济增长福利的重大威胁，结合不完全契约和交易成本两条线索，基于实地调查数据，对"农户 + 市场""合作社 + 农户""公司 + 基地 + 农户"三种垂直协作模式的交易成本节约效应、收入效应和规模效应的分析显示，农户参与的垂直协作紧密程度越高，获得的纯收入越高，节约的显性交易成本越多。紧密的垂直协作可以帮助农户克服外生交易成本，节约信息费用、谈判费用和缔约费用，提高农户进入市场或与产业相关主体谈判与交易的能力，因而显示出显著的收入效应和交易成本的节约效应。为了获得更高的生产者收益，农户有强烈的动机参加垂直协作，获得产前环节的要素供给和产后的产品销售服务。

从单位数量的苹果生产成本来看，"公司 + 基地 + 农户"的垂直一体化模式可以降低农户的生产成本，该模式下单位生产成本比"农户 + 市场"模式低 22.58%。此外，"合作社 + 农户"模式下，单位生产成本比"农户 + 市场"模式低 7.8%。不同垂直模式下单位数量苹果的生产成本、交易成本与净收益具有显著差异。相比黄土高原优势区的甘肃、陕西和豫西地区，环渤海湾优势区的山东具有生产成本和交易成本的双重优势，但单位净收益低于陕西省。

基于紧密的垂直协作契约来降低交易成本对于农产品的生产者和销售

者都有益处。对于销售者而言，可以获得稳定的货源，有助于控制固定成本和可变成本，转移产能利用率低的风险，进而使经营成本最小化；对于生产者而言，农户在供需波动剧烈的农产品市场上可以获得稳定的产品需求源，提高进入市场的进入能力和留住能力，增强对生产风险和价格波动的抗性，此外，对化学投入品、农业机械、资本、技术和信息等要素可获得性随之增强。因而，从产业垂直协作的产出角度而言，紧密的垂直协作是一种双赢的创新性制度安排，符合帕累托改进。

11.2　政策启示

11.2.1　有序推进农地流转的制度创新，降低农户的农地流转交易成本

前文的分析表明，农地流转市场的交易成本、农业经营比较收益和农户的生产能力是决定农户参与农地市场的关键因素。而专业化、规模化的新型农业经营体系的又高度依赖效率高、秩序好的农村土地承包经营权流转市场。为促进农村土地流转市场的健康、持续发展，迫切需要进行制度创新，构建起第三方监管完备、农户自主参与、市场机制发挥决定性作用的农地流转新机制，进一步降低农户的农地流转交易成本。

首先，健全以土地确权为核心的各项制度，构建土地流转平台。应严格按照《农村土地承包法》和《农村土地承包经营权流转管理办法》的有关规定，尽快建立健全土地流转程序、土地流转备案、登记、档案管理、土地流转合同管理、区域农地流转平台等制度，保护农民的长期合法权益。

其次，结合各地的实际情况，进行局部制度创新使政府和农地市场形成良好的互动来降低农地流转的交易成本，如针对各地不同的发展水平和

差异，通过建立土地承包纠纷调解小组、流转纠纷接待小组等举措来降低交易成本。

再次，充分尊重农户意愿，鼓励农户以转包、出租、互换、转让、股份合作等形式流转土地经营权，构建多种形式的土地租赁市场，充分发挥市场的资源配置功能。

最后，遏止行政干预，避免用行政手段强迫农民土地流转。

11.2.2　科学界定政府与市场的边界，降低农户的技术市场交易成本

研究表明，我国的技术市场正处于大变革过程中，原有的以政府农业科技机构为核心的单一推广体系逐渐被政府科研机构、农民专业合作社、农业龙头企业、大中专院校等多元化的农业推广体系所取代。从交易成本经济学的视角来看，原有以行政命令主导的技术推广层级结构被彻底打破，而新的以市场力量为主导的技术交易体系尚未完全建立，层级结构和市场配置两种力量共同在技术市场发挥作用。在这种情境下，专业化农户和技术供给主体之间存在明显的技术供给和技术需求错位，也无法在技术供给主体和技术需求主体之间形成有效的对接机制。这一矛盾导致农户为了采纳新技术所需要支付的交易成本远远高于完全技术市场下的交易成本。技术交易市场失灵导致技术交易成本居高不下，制约了农户采纳新技术的积极性，对农户参与技术市场构成了制度约束。换言之，在存在市场失灵的技术交易市场，交易成本对农户技术采纳行为形成了强大阻力。这就提出以下要求：

首先，政府应科学界定公共型、公益型技术供给与市场型、营利型技术供给的区别，尤其承担起公共型、公益性技术的供给服务，解决营利性的技术供给主体不愿介入、参与意愿低的技术市场失灵问题，尤其是相关的农业生产要素投入补贴政策、农业科技创新及技术推广政策，应该适应市场变化趋势和要求。

其次，对于非公益型的技术供给，应考虑引入充分的竞争机制和信息披露机制，尤其是在劳动力成本快上升的生产要素市场，应加快推进农业生产要素市场及技术市场建设过程中应该更加重视信息披露机制、第三方规制机制建设，特别应该重视围绕降低农户技术交易过程中的信息成本，强化技术信息的有效供给及服务；围绕降低农户技术交易过程中的谈判成本和执行成本，探索依法导入第三方规制的新机制，创新有利于提高交易合约执行效率的服务模式。

最后，在推进专业化、规模化的新型农业经营体系建设的过程中，政府政策应该更加关注农产品市场比较收益波动和需求结构变化对农户技术采纳行为的诱导作用。政府应该围绕农户的家庭结构和生产能力对其技术采纳行为及技术可获得性的影响，以增强农户的技术市场化交易能力建设为目标，重视培育现代农业经营主体，改革技术供给制度。政府应该以减少自然环境对农户技术采纳及可获得性的影响为重点，强化农业基础设施及抗风险能力建设，缓解自然环境对农户理性采纳新技术的制约。

11.2.3 积极引导农业产业向纵向－体化，降低农户的产品市场交易成本

分析结果显示，基于紧密的垂直协作契约来降低交易成本对于农产品的生产者和销售者都有益处。对于销售者而言，可以获得稳定的货源，有助于控制固定成本和可变成本，转移产能利用率低的风险，进而使经营成本最小化；对于生产者而言，农户在供需波动剧烈的农产品市场上可以获得稳定的产品需求源，提高进入市场的进入能力和留住能力，增强对生产风险和价格波动的抗性，此外，对化学投入品、农业机械、资本、技术和信息等要素可获得性随之增强。因而，从产业垂直协作的产出角度而言，紧密的垂直协作是一种双赢的创新性制度安排，符合帕累托改进。上述研究结论的启示为：

第一，鼓励农户的家庭内部种植业结构调整，参与市场分工，提高农

户的专业化水平和产业纵向一体化程度，由产业链上下游合作伙伴共同分担传统农户独立承担的专业化经营所需的专用性资产投资及其市场风险，形成分工协作、优势互补、链接高效的新型农业产业组织体系，降低农户参与市场的交易成本。

第二，引导新型农业经营或服务主体之间加强联合合作，培育农业产业链合作伙伴关系，实现农业组织创新的规模经济、范围经济和协同效应、网络效应，推进农业组织功能的转型升级，增进行业共同利益或解决特定农业产业（链）的共性问题，而且可以为发挥核心企业在现代农业产业链整合中的作用提供平台，促进现代农业产业链的一体化，推进农业生产性服务业的集群化和网络化发展，培育农业产业链的竞争优势，提升农业的品牌效应和农业产前、产后环节的集聚效应。

第三，加快农村地区的功能性市场建设，加强交通、信息、金融、交易市场等基础设施的建设与管理，提升公共服务水平，促进产业组织主体的集聚效应，发挥规模经济的辐射效应。

总之，通过深化改革和政策创新，力争形成有效的制度和政策环境，完善利益联结机制至关重要，例如，与农户有直接利益关系的龙头企业、农民合作社、农民专业协会与农户之间健全利益联结机制，为农民更好地分享发展现代农业的增值收益创造条件；也包括健全农业产业化行业协会、农业产业化联盟、龙头企业集团甚至农业产业化集群、产业区与龙头企业、农民合作社、农民专业协会、种养大户、家庭农场之间的利益联结机制，以及健全农民合作社等对农业产业链垄断现象的制衡机制，为农业产业链不同环节之间更好地分享农业产业链、价值链升级的成果创造条件。

附录一 苹果种植户调查问卷

尊敬的果农朋友您好，我们是西北农林科技大学"苹果产业经济研究"课题组成员。本次调查数据仅用于学术研究和相关政策报告撰写。按照《中华人民共和国统计法》，您的相关信息将被严格保密，谢谢您的配合！

省：＿＿＿＿＿县：＿＿＿＿＿乡：＿＿＿＿＿村：＿＿＿＿＿

受访者电话：＿＿＿＿受访者姓名：＿＿＿＿调查员姓名：＿＿＿＿

调查日期：2014 年＿＿＿＿月＿＿＿＿日

【问卷填写注意事项】

一、我们的守则

1. 诚实、负责、绝不弄虚作假。

2. 始终持公平、中立态度。

3. 文明礼貌、和气待人、耐心细致，始终如一。

4. 掌握调查的抽样、访谈、追问的基本知识和技能。

5. 严格执行每项调查的技术规范，不得擅自更改。

6. 准确完整地保持调查数据的原始形态，不修改被访者答案。

7. 尊重被访者意愿，不侵犯被访者隐私，不冒犯被访者禁忌。

8. 衣着整洁，禁止穿拖鞋、奇装异服入户访问。

9. 遵守保密原则，不得同与本研究无关的任何人提及被访者的任何资料。

二、我们的流程

第一步：在当地工作人员的配合下，找到正确样本户

第二步：主动出示介绍信和调查员证，简短的自我介绍，说明来意

第三步：赠送礼品

第四步：使用问卷进行现场访问

第五步：检查问卷有无遗漏

第六步：请求被访者留下姓名和联系电话，对他们的合作表示谢意，告别受访者

三、我们的注意事项

1. 填写家庭人口基本信息时，一定要反复确认清楚实际住在这里的人口数

2. 注意区分"不知道"和"没有"的区别，"不知道"是指由于受访者忘记或无法回答等原因导致的，调查员尽最大努力也无法获得答案的题项，用"999"表示；"没有"用"0"表示

3. 尽可能在被访者家里或院内访问，如果条件有限，应尽可能选取相对独立安静的环境进行访问

4. 访问时注意控制访问场面，不要造成围观

5. 离开被访者家时，一定要仔细检查问卷，不要有漏问或模糊的答案，导致补问的困难

6. 调查员访问完后必须在指定地点交问卷，督导应当场审卷，合格后方可离开调查点

7. 在问卷上最好写上户主名/当家人的联系方式

8. 注意人身安全，尤其注意不要被狗咬

9. 服从队长的临时安排

10. 自带水，尽可能不在被访者家里吃饭

11. 访问结束后及时总结农村执行情况

12. 除特殊说明外，本问卷题项均为单选题

【问卷内容】

一、苹果种植户的基本情况

1. 受访者性别：_____（1＝男　0＝女），年龄：_____岁；户主性别：_____（1＝男　0＝女），年龄：_____岁

2. 户主文化程度：_____（1＝未上学　2＝小学　3＝初中　4＝高中或中专　5＝大专及以上）

3. 户主曾经社会经历：_____（1＝村委会干部2＝党员　3＝苹果经纪人4＝合作社干部　5＝其他（请注明）_____）

4. 您家中共有_____口人，其中：种植苹果的劳动力有_____人，您家最早从_____年开始种植苹果

劳动力	性别（1＝男0＝女）	年龄	文化程度	务农时间（月）
1				
2				
3				
4				
5				

注：①文化程度：1＝未上学；2＝小学；3＝初中；4＝高中或中专；5＝大专及以上。②农户指的是家庭单位。家庭成员拥有共同居所，共同预算。如果外出打工人员还没有和所调查家庭分家，则应将外出打工人员也算入家庭成员，记录有关信息。

5. 家中外出务工的劳动力有_____人，外出务工时间_____月/人，收入总计_____元。

6. 您家是否有电脑？（1＝是　0＝否）；如果是，每年的网费为_____元。

7. 您家是否有手机？（1＝是　0＝否）；如果是，户主每年的话费为_____元。

8. 您家是否订阅报纸？（1＝是　0＝否）；如果是，每年的订阅费为_____元。

9. 您家是否有固定电话? (1 = 是 0 = 否); 如果是, 每年的话费为_____元。

10. 您家是否有亲朋好友在农贸市场或批发市场卖水果? (1 = 是 0 = 否)

11. 您家是否有亲朋好友在水果加工企业工作? (1 = 是 0 = 否)

12. 您家是否有亲朋好友从事水果运输? (1 = 是 0 = 否)

13. 您家是否有亲朋好友从事水果中介? (1 = 是 0 = 否)

14. 您家是否有亲朋好友卖化肥农药果袋? (1 = 是 0 = 否)

15. 您家是否有亲朋好友在农业科技推广部门工作? (1 = 是 0 = 否)

16. 您家是否有亲朋好友担任村干部或在政府部门工作? (1 = 是 0 = 否)

17. 您认为本村交通是否便利? (1 = 非常不便利 2 = 比较不便利 3 = 一般 4 = 比较便利 5 = 非常便利)

二、生产情况

(一) 2013 年土地租赁情况

1. 您家现有耕地_____亩, 苹果种植总面积_____亩, 地块数_____块, 其中挂果园_____亩 (其中, 租赁地_____亩, 租赁费为_____元/亩/年和 (或) 实物_____斤/亩/年, 租赁期限_____年), 幼园_____亩 (其中, 租赁地_____亩, 租赁费_____元/年和 (或) 实物_____斤/亩/年, 租赁期限_____年)。其中早熟品种_____亩, 富士_____亩, 其他_____亩, 栽培方式为 ( ) 1 = 乔化 2 = 矮化 3 = 其他_____, 栽培密度为_____。

2. 立地类型是; 1 = 平地 2 = 坡地 3 = 川台地 4 = 塬地 5 = 其他_____

3. 是否能灌溉? (1) 是, 有效灌溉面积是_____亩 (2) 否

4. 从土地流转方式来看, 您的家庭属于以下哪种类型? (   )

(1) 流入户 (2) 流出户 (3) 前两者兼有 (4) 没有流转 (如果没有流转, 跳到要素投入情况部分)

5. 您的家庭参与土地流转的次数为 (   )

(1) 1 次 (2) 2 次 (3) 3 次 (4) 4 次及以上

注: 如果有多次流转, 统计最近一次的流转情况

6. 土地流转的范围为（　　）

（1）本村民小组（自然村）（2）行政村内（3）本乡镇内（4）本乡镇以外（5）其他

7. 进行土地流转的对方身份是（　　）

（1）亲戚（2）朋友和（或）熟人（3）普通农户（4）工商企业（5）合作社（6）村集体

8. 进行土地流转时，是由（　　）组织的

（1）自发进行（2）政府（3）合作社

9. 您与对方确定土地流转关系时，通常使用（　　）（1）口头协议（2）书面合同（3）第三方证明

10. 与对方签订承包合同的约定期为（　　）年

11. 土地流转的租金收取方式为（　　）

（1）没有租金（2）实物租金（如粮食或其他农产品）（3）现金租金（4）实物租金和现金租金都有

12. 您家转入土地是（　　）（1）耕地（白地）（2）果园（3）大棚（4）其他

13. 您家转入土地用途是（　　）

（1）种植粮食作物（2）种植经济作物（3）从事养殖业（4）其他

14. 您家转出土地的年限是＿＿＿＿＿＿年，价格为＿＿＿＿＿＿元/亩和（或）实物＿＿＿＿＿＿斤/亩。

15. 您家转出土地之前是用于（　　）（1）种植粮食作物（2）种植经济作物（3）从事养殖业（4）其他

16. 您家转出的土地是用于（　　）

（1）种植粮食作物（2）种植经济作物（3）从事养殖业（4）其他

17. 土地流转时，村干部管不管这事儿（　　）（1）是（2）否

18. 在农地流转时，达成流转协议需花费的时间为（　　）

（1）一天（2）一周（3）一个月（4）半年（5）半年以上

19. 在农地流转时，您感觉流转的程序（　　）

（1）非常容易（2）比较容易（3）一般（4）比较麻烦（5）非常麻烦

20. 土地流转过程中是否发生过纠纷？（1）是（2）否（如果回答无，跳到要素投入部分）

21. 土地流转过程中发生纠纷，您觉得容易解决吗？（　　）

（1）非常容易（2）比较容易（3）一般（4）比较难（5）非常难

22. 违约解决的途径是（　　）（1）双方协商解决（2）村里人调解（3）村干部或村委会介入（4）司法介入

（二）要素投入

1. 肥料

（1）肥料投入

年份	化肥				有机肥（包括商品有机肥、农家肥、沼液等）			
	总金额	自用工量	雇工量	用工单价	金额	自用工量	雇工量	用工单价
	元	工	工	元/天	元	工	工	元/天
2012								
2013								

（2）施肥技术与认知

序号	施肥情况	选项	答案
1	您使用的化肥主要是根据？	1=企业建议；2=合作社建议；3=果站等技术部门建议；4=个人经验；5=同村果农建议；6=农资店/销售人员推荐；7=其他	
2	您化肥的使用量主要是根据？	1=企业建议；2=合作社建议；3=果站等技术部门建议；4=个人经验；5=同村果农建议；6=农资店推荐；7=测土配方；8=其他	
3	农家肥是否经无害化处理？	0=从不处理；1=偶尔处理；2=经常处理；	
4	您认为您家化肥施用量	1=偏少；2=刚好，3=偏多	
5	您认为化肥施用过多是否影响苹果品质	1=是；2=否	
6	您最后一次施肥时间距收获	天	

续表

序号	施肥情况	选项	答案
7	氮、磷、钾、微量元素配比是否合理	1＝是；2＝否（如果回答否，本部分结束）	
8	您听过测土配方施肥技术吗	1＝是；2＝否	
9	您家是否经过测土配方	1＝是；2＝否（如果回答否，跳到16题）	
10	您家测土费用每次是多少钱	元/次	
11	由谁来测的？	1＝企业或农资店 2＝土肥所、果业站 3＝其他	
12	如果测过，是哪一年测的？	年	
13	是否按照测土结果进行施肥	1＝是；2＝否（如果回答否，本部分结束）	
14	您家测土当年果园收入	元/亩	
15	您认为测土配方施肥是否减少化肥使用量、提高了产量、提高了果品品质、改善了土壤、降低了对环境的影响	1＝是；2＝否；3＝不知道	
16	不采用测土配方的原因是	1＝成本高；2＝风险大；3＝相信自己经验；4＝没人测；5＝其他＿＿＿＿	

2. 农药

（1）农药施用

年份	打药次数	农药金额	自用工量	雇工量	其他费用（水费、油费）
2012					
2013					

A. 近3年，您使用过的农药有：乐斯本，功夫，灭扫利，桃小灵，歼灭，毒死蜱，代森锰锌，抗蚜威可湿粉，辟蚜雾水分散粉剂，敌敌畏，杀螟硫磷，氢戊菊酯，溴氢菊酯，其他

您认为，＿＿＿＿属于哪一类？1＝无公害农药；2＝中毒农药；3＝高毒农药；4＝不清楚

您认为，＿＿＿＿属于哪一类？1＝无公害农药；2＝中毒农药；3＝高

毒农药；4＝不清楚

（注：从农户回答使用过的农药中任选两个进行提问）

B. 近3年，您使用过的农药有：氧化乐果，福美胂，灭多威，克螨特，杀虫脒，甲基异硫磷，三氯杀螨特、甲拌磷，乙拌磷，久效磷、对硫磷，甲胺磷，治螟磷，磷胺，其他

您认为，_____属于哪一类？1＝无公害农药；2＝中毒农药；3＝高毒农药；4＝不清楚

您认为，_____属于哪一类？1＝无公害农药；2＝中毒农药；3＝高毒农药；4＝不清楚

（注：从农户回答使用过的农药中任选两个进行提问）

C. 您觉得使用2.1.2中农药会不会影响苹果销售？1＝完全没有影响；2＝没有影响；3＝一般；4＝有影响；5＝完全有影响

D. 您使用2.1.2中农药的原因是（　　　）1＝效果好；2＝价格低；3＝没有其他农药可以替代；4＝村里人都在用；5＝技术人员推荐；6＝农资店／销售人员推荐；7＝其他

E. 您不使用2.1.2中农药的原因是：

1＝价格高；2＝买不到；3＝政府不让用；4＝技术人员不推荐使用；5＝同村人／果农大户不推荐使用；6＝合作社不让用；7＝企业不让用；8＝收购方不让用；9＝有替代农药；10＝其他_____

F. 最后一次打药距摘苹果间隔_____天

（2）农药购买决策

序号	农药选择、购买决策	选项	答案
1	您确定购买哪种农药的主要根据是	1＝农药零售商；2＝亲朋邻居；3＝本村苹果示范户；4＝个人经验；5＝企业或合作社；6＝农技站或果业局；7＝其他，请注明_____	
2	您是否按说明书配药	1＝是 0＝否	

续表

序号	农药选择、购买决策	选项	答案
3	如果配药时没有看农药说明书，你如何配药	1 = 农药零售商；2 = 亲朋邻居；3 = 咨询本村苹果示范户；4 = 个人经验；5 = 其他，请注明_____	
4	您配药时稀释农药的方式是	1 = 精确测量（尺子/量筒测量）0 = 大概估计	
5	您在施用农药时，喷雾器是否漏药	1 = 是；0 = 否	
6	您如何处理用完的农药包装袋/瓶	1 = 随手丢在田间或地头；2 = 带回家然后丢到垃圾堆中；3 = 拿回来卖给收废旧物资的；4 = 挖坑填埋；5 = 焚烧；6 = 其他，请注明_____	
7	您在打药时是否采取防护措施	1 = 是；0 = 否	
8	您是否严格执行农药安全间隔期	1 = 是；0 = 否	
9	您家未使用完的农药是如何保存的	1 = 锁在专门农药箱里；2 = 放在隐蔽处，加锁保存；3 = 放在隐蔽处，未加锁；4 = 随便放	
10	您还采用其他的生物和物理防治病虫害的方法吗	1 = 有（诱虫灯/带；粘虫板；释放天敌如草铃、赤眼蜂；性诱剂、捕食螨）0 = 无	
11	您认为您生产的苹果安全吗？	1 = 非常安全；2 = 比较安全；3 = 一般	
12	您吃自家苹果吗？	1 = 是；0 = 否	
13	您吃自家苹果时	1 = 直接吃；2 = 洗后吃；3 = 削皮吃	

（3）安全苹果生产行为

序号	问题	选项	答案				
			1	2	3	4	5
1	您对果园病虫害的了解程度						
2	您对农药安全程度的了解情况						
3	您知道农药残留这个事儿吗	1. 完全不了解					
4	您对"农药残留对苹果的影响"了解情况	2. 基本不了解					
5	您关心农药残留对苹果的影响吗	3. 无所谓					
6	您对农药安全间隔期的了解程度	4. 基本了解 5. 完全了解					
7	您对无公害苹果生产技术/有机苹果技术了解情况						

（4） 政策环境

序号	政策环境	选项	答案
1	近3年是否有政府部门宣传苹果生产禁用农药？	1 = 是；0 = 否	
2	如果有，您觉得对苹果生产有影响吗？	1 = 完全没有影响；2 = 基本没有影响；3 = 一般；4 = 有些影响；5 = 影响很大	
3	地区政府是否对农药残留进行检测	1 = 是；0 = 否	
4	如果有，一年检测几次	_____次	
5	如果有检测，您觉得对您的苹果生产有影响吗	1 = 是；0 = 否	
6	如果农药超标，是否有相关的处罚？	1 = 是；0 = 否	
7	如果有处罚，您觉得对您的苹果生产有影响吗	1 = 是；0 = 否	
8	处罚方式是什么	请说明_____	
9	如果是罚款，罚多少	_____元	
10	使用低毒、生物农药，是否有补贴？	1 = 是；0 = 否（如果回答否，跳到13题）	
11	一如果有，是哪一种方式	1 = 农药价格；2 = 免费发3 = 现金；4 = 其他	
12	一您认为上述补贴哪种方式最有效	请注明_____	
13	您更愿意接受农药补贴的方式是	1 = 按农药价格补贴；2 = 按种植面积补贴；3 = 按购买量补贴；4 = 免费发放；5 = 其他	

3. 套袋及卸袋费用

年份	套袋						卸袋		
	果袋用量	购买价格	补贴	自用工量	雇工量	工价	自用工量	雇工	用工单价
	枚	元/枚	元/枚	工	工	元/天	工	工	元/天
2012									
2013									

4. 疏花/疏果以及修剪、农膜等费用

年份	疏花/疏果			修剪与清园			农膜（地膜、反光膜）		
	自用工	雇工量	工价	自用工量	雇工量	用工单价	金额	铺膜用工量	用工单价
	工	工	元/天	工	工	元/天	元	工	元/天
2012									
2013									

5. 采摘和销售费用

年份	采摘			销售				
	自用工	雇工量	工价	储藏费用	损失比率	包装费用	销售用工	运输费用
2012								
2013								

6. 灌溉费用

年份	建设维护费	政府补贴（元）	灌溉面积（亩）	灌溉次数（次/年）	水费（元/次）	电费（元/次）	用工量（工/次）	工价（元/天）
2012								
2013								

7. 机械及其他生产设备购置和修理费

种类	购买（修建）时间	购买（修建）金额	政府补贴（元）	每年修理费
拖拉机（手扶机）				
三轮车（蹦蹦车）				
施肥开沟机				

种类	购买（修建）时间	购买（修建）金额	政府补贴（元）	每年修理费
旋耕机				
打药机（药泵＋带）				
割草机				
沼气池				
池塘				
其他 1				

（三）苹果种植收益情况

年份	品种	≥80mm			70～75mm			≤65mm			残次果		
		单价	数量	金额	单价	数量	金额	单价	数量	金额	单价	数量	金额
		元/斤	斤	元	元/斤	斤	元	元/斤	斤	元	元/斤	斤	元
2012	早熟品种												
	富士												
	（　）												
2013	早熟品种												
	富士												
	（　）												

1. 您家是否种植粮食作物：1＝是　0＝否；

如果是，种植_____，_____亩；种植_____，_____亩；种植_____，_____亩

2012 年粮食作物纯收入_____元；2013 年粮食作物纯收入_____元；

2. 您家是否养殖畜禽：1＝是　0＝否；

如果是，养殖_____，_____只；养殖_____，_____头

2012 年养殖_____，纯收入_____元；2013 年养殖_____，纯收入

_____元。

3. 您家有没有自营工商业（小卖部、修理部、理发店、苹果经纪人等）项目：1 = 有　0 = 没有；如果有，是_____行业，2012 年纯收入_____元；2013 年纯收入_____元。

4. 您家 2012 年获得的种植业补贴_____元，2013 年种植业补贴_____元。

5. 您家 2012 年种植苹果获得的补贴：（1）果袋元_____个，折合现金_____元；化肥_____袋，折合现金_____元；

其他_____，折合现金_____元；2013 年苹果补贴（1）果袋_____个，折合现金_____元；化肥_____袋，折合现金_____元；其他_____，折合现金_____元。（其他包括防雹网、杀虫灯、粘虫板等）

三、生产资料交易

（一）交易模式

	购买渠道	购买方式	供货方式	结算方式
化肥				
有机肥				
农药				
果袋				

购买渠道：1 = 公司基地；2 = 合作社；3 = 本村农资店；4 = 本村以外的农资店；5 = 农资商上门推销；6 = 其他

购买方式：1 = 签订合同；0 = 没有签订合同

供货方式：1 = 上门服务；0 = 自行取货

结算方式：1 = 现金；2 = 赊账；3 = 部分现金部分赊账

1. 您对农资市场价格的了解情况为（　　）　1 = 完全不清楚　2 = 知道一些　3 = 一般　4 = 很清楚　5 = 非常清楚

2. 您了解的农资市场价格信息是否准确（　　）　1 = 非常不准确

2 = 不准确　3 = 一般　4 = 很准确　5 = 非常准确

3. 您在购买农资时讨价还价花费的时间为（　　）　1 = 不讨价还价
2 = 较少时间　3 = 一般 4 = 较长时间　5 = 非常多时间

4. 您在购买农资时，出现假冒伪劣的情况为（　　）　　1 = 从来没有
2 = 很少　3 = 一般　4 = 很多　5 = 非常

5. 您是否认为农资市场被人控制（　　）　　1 = 完全不同意　2 = 不
同意　3 = 一般　4 = 基本同意　5 = 完全同意

6. 你是否认为苹果收购被人控制（　　）　　1 = 完全不同意　2 = 不
同意　3 = 一般　4 = 基本同意　5 = 完全同意

（二）交易对象的信任状况

1. 您每年购买化肥是从同一个地方购买的吗？（1）是（2）否

2. 您每年购买农药是从同一个地方购买的吗？（1）是（2）否

3. 您每年购买果袋是从同一个地方购买的吗？（1）是（2）否

4. 最近三年内（2011～2013 年）对农资供销商的信任关系（请在选
中处打"√"）

序号	问题	选项	答案				
	与农资销售人员的私人关系		1	2	3	4	5
1	你与他们经常有机会接触，如一起吃饭、打牌						
2	他在销售过程中经常照顾您	1. 完全不同意					
3	过年过节您都不会忘记他们，总有所表示	2. 基本不同意					
4	过年过节他们都不会忘记您，总有所表示	3. 无所谓					
5	平时（指除农资购买之外的时间）会经常保持联系	4. 基本同意					
6	你们之间的关系已有很多年了	5. 完全同意					
7	您在购买农资的时候首先会考虑从哪里买，不论价格如何						
	对农资销售人员的信任		1	2	3	4	5
8	和您联系的这个人在谈判过程中总是很公平						
9	和您联系的这个人是值得信赖的						

续表

序号	问题	选项	答案				
	与农资销售人员的私人关系		1	2	3	4	5
10	您相信这个人会考虑您的利益，尽管这样做他会付出一定的代价						
11	您和不熟悉的销售人员打交道，都会非常小心	1. 完全不同意 2. 基本不同意 3. 无所谓 4. 基本同意 5. 完全同意					
	对农资销售商的依赖		1	2	3	4	5
12	您对现在的主要农资销售商非常依赖						
13	离开现有农资销售商，我就买不到合适的农资						
14	相对于新来的农资销售商，我更愿意和以前熟悉的销售商合作						
15	和不熟悉的农资销售商打交道风险非常高						

四、组织参与情况

（一）2013 年"合作社 + 农户"参与模式

序号	合作社概况	选项	答案
1	你们村有无农民专业合作社？	1 = 是；0 = 否	
2	您是否参加了合作社？	1 = 是；0 = 否（如果回答"否"，跳到下一部分）	
3	您为什么没有参加合作社	1 = 村里没有；2 = 不信任；3 = 其他_____	
4	什么时候参加的？	年	
5	您考虑加入合作社的原因是	1 = 技术培训；2 = 农资供应；3 = 市场信息；4 = 苹果销售；5 = 储存、加工；6 = 融资服务；7 = 其他_____	
6	该合作社是由谁发起成立的？	1 = 村民自发；2 = 政府牵头；3 = 龙头企业；4 = 种植大户；5 = 其他	
7	加入合作社是否签订纸质合同	1 = 是；0 = 否	
8	合作社是否给您颁发社员证？	1 = 是；0 = 否	

序号	合作社概况	选项	答案
9	您在合作社中的角色	1 = 理事会成员；2 = 监事会成员；3 = 财务或供销员；4 = 社员代表；5 = 普通成员	
10	是否需要缴纳会费？	1 = 是；0 = 否	
11	如果需要，2013 年缴纳了多少	元	
12	您在合作社中是否拥有股份？	1 = 是；0 = 否	
13	如果有股份，您占多少股？	股	
14	每股多少钱？	元	
15	如果有，您是否愿意增股	1 = 是；0 = 否	
16	若愿意，原因是？	1 = 保证销售；2 = 技术支持；3 = 更高价格；4 = 其他	
17	若不愿意，原因是？	1 = 收益不好厘清；2 = 不信任；3 = 可能的准入限制；4 = 其他原因	
18	如果有，您通过何种方式入股？	1 = 土地经营权；2 = 机械；3 = 资金；4 = 其他（请说明）	
19	合作社有无分红？	1 = 是；0 = 否	
20	如分红，去年分红是多少？	元	
21	您对此分红满意吗？	1→5 = 非常不满意→非常满意	
22	合作社的理（监）事会是否由选举产生？	1 = 是；0 = 否	
23	如果有重大决策如何决定	1 = 社员一人一票；2 = 按入股比例投票；3 = 当地政府 4 = 龙头企业；5 = 社长/理事长	
24	合作社是否与下列对象签订了销售协议或达成长期合作关系 1 = 超市；2 = 加工企业；3 = 收购商；4 = 农产品批发/零售市场；5 = 其他（请说明）；0 = 没有		

合作社农产品收购

25	您在苹果生产中最担心的问题是什么？	1 = 自然风险；2 = 生产成本；3 = 价格风险；4 = 缺乏技术；5 = 其他（请具体说明）	
26	您参与的合作社是否购苹果？	1 = 是；0 = 否	
27	您是否把苹果卖给了合作社	1 = 是；0 = 否	

序号	合作社概况	选项	答案
28	您所参与的合作社把苹果卖给了谁	1 = 大型超市；2 = 加工企业；3 = 收购商；4 = 农产品批发/零售市场；5 = 运销商；6 = 其他（请说明）	
29	合作社在收购苹果时，价格的确定方式是	1 = 统一定价；2 = 随行就市；3 = 基准价 + 附加价；4 = 其他	
30	去年合作社收购的价格比市场价格高吗？	1 = 是；0 = 否	
31	高多少？	元/斤	

合作社农技服务

序号	合作社概况	选项	答案
32	参与合作社后，合作社是否统一管理农药、化肥、果袋的采购和使用？	1 = 是；0 = 否，（如果是，请注明）	
33	参与合作社后，合作社是否统一管理果园修剪、整形、采收等内容？	1 = 是；0 = 否，（如果是，请注明）	
34	您接受合作社统一管理农药、化肥、果袋的原因	1. 质量可靠；2 价格较低；3. 降低了搜寻成本；4. 节约运输成本；5. 容易操作 6. 其他	
35	您不愿意接受合作社统一管理物资采购和使用的主要原因是：	1. 不信任对方；2. 对方价格较高；3. 使用过程非常麻烦；4. 忽略了差异性 5. 其他	
36	合作社有无统一提供农药、化肥、果袋、种苗、农机、反光膜？	1 = 是（如果是，请注明）；0 = 否	
37	您有没有从合作社购买农药、化肥、果袋、种苗、农机、反光膜？	1 = 是（如果是，请注明）；0 = 否	
38	您对合作社提供的农药、化肥、果袋、种苗、农机、反光膜满意吗？	1→5 = 非常不满意→非常满意	
39	合作社有无提供技术培训？	1 = 是；0 = 否	
40	您对合作社提供的技术培训满意吗？	1→5 = 非常不满意→非常满意	
41	合作社是否提供苹果销售信息服务？	1 = 是；0 = 否	
42	您对合作社提供的信息服务满意吗？	1→5 = 非常不满意→非常满意	
43	合作社是否提供储存、加工等服务？	1 = 是；0 = 否	
44	对合作社提供的储存/加工服务满意吗？	1→5 = 非常不满意→非常满意	
45	您对合作社管理的事务满意吗？	1→5 = 非常不满意→非常满意	

46. 参加果业合作社后，您在苹果的种植与销售方面和没有参加合作社前相比有了哪些变化？

    1）苹果种植技术是否有所提高？（1）有提高（2）未变化

    2）平均生产成本有否降低？（1）有降低，降低了约_____%
（2）未变化

    3）平均销售价格有否提高？（1）有提高，提高了_____元/斤
（2）未变化

    4）苹果种植收入有否提高？（1）有提高，提高了_____%
（2）未变化

47. 您对本社社员的私人关系如何？（1）非常好（2）比较好（3）一般

48. 您与本社社长的私人关系如何？（1）非常好（2）比较好（3）一般

49. 您参加合作社后是否行使过针对理事会的选举权？（1）是（2）否

50. 您参加合作社后是否行使过针对重大事项的决策权？（1）是（2）否

51. 您觉得您在合作社中所获得的利益（如农资优惠，分红，盈利返还等）是否公平？（1）是（2）否

52. 如果您家对所在合作社发展不满意，您会通过何种方式表达自己的意见？（单选）

（1）通过社员（代表）大会（2）直接向理事会或理事长提出（3）通过监事会（4）撤股（5）退出合作社（6）不提意见，随它去（7）其他

53. 您对自己所在的合作社未来发展情况前景的看法如何？

（1）非常不看好；（2）不太看好；（3）很难预料；（4）看好；（5）非常看好

（二）2013年"公司＋农户"参与模式

序号	公司基地概况	选项	答案
1	你家有没有参加果品企业基地（园）？	1＝是；0＝否（如果回答"否"，跳到下一页）	
2	什么时候参加的？	年	

序号	公司基地概况	选项	答案
3	该基地是由哪家公司发起成立的?		
4	您在加入基地时,是否签订了纸质合同	1 = 是;0 = 否	
5	基地是否给您颁发了证书?	1 = 是;0 = 否	
6	您在基地中的角色	1 = 理事会成员;2 = 监事会成员;3 = 财务或供销员;4 = 社员代表;5 = 普通成员	
7	是否需要向基地缴纳会费或年金?	1 = 是;0 = 否	
8	如果需要,去年缴纳了多少	元	
9	您在基地中是否拥有股份?	1 = 是;0 = 否	
10	如果有股份,您拥有多少股?	股	
11	每股多少钱?	元	
12	如果有股份,您通过何种方式入股?	1 = 土地经营权;2 = 机械;3 = 资金;4 = 其他	
13	基地有无分红或返利?	1 = 是;0 = 否	
14	如果有,去年的分红或返利是多少?	元	
15	分红或返利的金额根据什么确定?	1. 股份;2. 农产品销售数量;3. 其他(请说明)	

基地农产品收购

序号		选项	答案
16	您参与的基地是否收购苹果?	1 = 是;0 = 否	
17	您是否把苹果卖给了基地	1 = 是;0 = 否	
18	基地在收购苹果时,价格的确定方式是	1 = 统一定价(如特优果统一价);2 = 随行就市,视具体情况而定;3 = 基准价 + 附加价;4 = 其他	
19	2013 年基地收购的价格比市场价格高吗?	1 = 是;0 = 否	
20	高多少?	元/斤	

基地农技服务

序号		选项	答案
21	基地统一管理农药、化肥、果袋的采购和使用	1 = 是;0 = 否,(如果是,请注明)	
22	基地统一管理果园修剪、整形、采收等内容?	1 = 是;0 = 否,(如果是,请注明)	
23	您愿意接受基地统一管理农药、化肥、果袋的采购和使用的原因是	1. 质量可靠;2 价格较低;3. 降低了搜寻成本;4. 节约运输成本;5. 容易操作 6. 其他	

序号	公司基地概况	选项	答案
24	您不愿意接受的主要原因是：	1. 不信任对方；2. 对方价格较高；3. 使用过程非常麻烦；4. 忽略了差异性5. 其他	
25	基地有无统一提供农药、化肥、果袋、种苗、农机、反光膜？	1 = 是（如果是，请注明）；0 = 否	
26	您有没有从基地购买农药、化肥、果袋、种苗、农机、反光膜？	1 = 是（如果是，请注明）；0 = 否	
27	您对基地提供的农药、化肥、果袋、种苗、农机、反光膜满意吗？	1→5 = 非常不满意→非常满意	
28	基地有无提供技术培训？	1 = 是；0 = 否	
29	您对基地提供的技术培训满意吗？	1→5 = 非常不满意→非常满意	
30	您加入基地后收入有无明显提高？	1 = 是；0 = 否	
31	如果有，大约提高了多少钱？	元	

五、农户社会网络

（一）网络密度和网络中心性（请在选中处打"√"）

序号	网络密度	选项	答案				
			1	2	3	4	5
1	您和村里人的关系都很好						
2	您和村里人交往很频繁						
3	您和村里人经常交流价格信息						
4	您和村里人经常交流种植技术	1. 完全不同意 2. 基本不同意 3. 无所谓 4. 基本同意 5. 完全同意					
	网络中心性		1	2	3	4	5
5	您认识许多不同职业的人（如司机、瓦匠等）						
6	您在村里很有威望						
7	您经常主动与村里人交往						
8	您在村里的交往面很广						

（二）信任与关系（请在选中处打"√"）

序号	与收购人员的私人关系	选项	答案				
			1	2	3	4	5
1	您和他们经常有机会接触，如一起吃饭、打牌						
2	他在收购过程中经常照顾您						
3	过年过节您都不会忘记他们，总有所表示						
4	过年过节他们都不会忘记您，总有所表示						
5	平时（指除苹果收购期之外的时间）会经常保持联系						
6	你们之间的关系已有很多年了						
7	您在销售苹果的时候首先会考虑卖给他，不论价格如何						
	对收购人员的信任	1. 完全不同意 2. 基本不同意 3. 无所谓 4. 基本同意 5. 完全同意	1	2	3	4	5
8	和您联系的这个人在谈判过程中总是很公平						
9	和您联系的这个人是值得信赖的						
10	您相信这个人会考虑您的利益，尽管这样做他会付出代价						
11	您和不熟悉的收购人员打交道，都会非常小心						
	对收购商人员的依赖		1	2	3	4	5
12	您对现在的主要收购商非常依赖						
13	离开现有收购商，您的苹果就卖不出了						
14	相对于新来的收购商，您更愿意和以前熟悉的收购商合作						
15	和不熟悉的收购商打交道风险非常高						

六、农产品销售行为

序号	题目	选项	2013 年	2012 年
1	你把苹果卖给谁了？	1＝企业；2＝合作社；3＝中间商；4＝直销；5＝其他		

序号	题目	选项	2013 年	2012 年
2	您家苹果卖了几次？	次		
3	与买主取得联系的方式	1 = 农户自己联系买主；2 = 买主通过代办主动联系自己；3 = 自己主动通过或代办联系；4 = 买主直接联系农户；5 = 其他		
4	如通过经纪人，中介费	元/斤		
5	中介费由谁承担	1. 果商 2. 果农自己		
6	本次交易前是否认识买主	1 = 是；0 = 否		
7	买主与去年是同一个人吗	1 = 是；0 = 否		
8	您认识几个同类型的买主	个		
9	销售地点	1 = 果园 2 = 家门口 3 = 本村 4 = 外村 5 = 县内批发市场 6 = 其他		
10	销售地点到最近果园距离	千米		
11	销售运输任务由谁来承担	1 = 果农 2 = 果商 3 = 合作社或果农协会 4 = 果品企业 5 = 其他		
12	您家自己是否分拣苹果	1 = 是；0 = 否		
13	果商是否分级检验苹果	1 = 是；0 = 否		
14	分级任务由谁承担	1 = 果农 2 = 果商 3 = 合作社或果农协会 4 = 果品企业 5 = 其他		
15	分级费用由谁承担	1 = 果农 2 = 果商 3 = 合作社或果农协会 4 = 果品企业 5 = 其他		
16	销售过程中运输工具是	1 = 卡车 2 = 三轮车/拖拉机 3 = 脚蹬三轮车 4 = 畜力车 5 = 人力		
17	运输的困难程度	1 = 非常困难 2 = 比较困难 3 = 一般 4 = 不太困难 5 = 没有困难		
18	买方是否支付押金	1 = 是；0 = 否		
19	如果是，支付多少钱	元		
20	销售合同类型	1 = 书面合同；0 = 口头协议		
21	销售协议规定收购时间	1 = 是；0 = 否		
22	销售协议规定收购地块	1 = 是；0 = 否		
23	销售协议规定分级标准	1 = 是；0 = 否		

续表

序号	题目	选项	2013 年	2012 年
24	销售协议规定农药使用	1 = 是；0 = 否		
25	您觉得销售价格是否公平	1→5 = 非常不公平→非常公平		
26	您了解苹果价格信息渠道	1 = 果商或果品企业 2 = 合作社 3 = 果站、果业局等政府部门 4 = 其他果农或亲友 5 = 电视/网络/报纸等媒介		
27	您觉得苹果行情变化很快	1→5 = 完全不同意→完全同意		
28	获得苹果价格信息很容易	1→5 = 完全不同意→完全同意		
29	你很快知道市场行情变化	1→5 = 完全不同意→完全同意		
30	您了解本村价格情况吗？	1 = 完全不清楚　2 = 不太清楚　3 = 一般　4 = 比较清楚　5 = 非常清楚		
31	您了解外村价格情况吗？	1 = 完全不清楚　2 = 不太清楚　3 = 一般　4 = 比较清楚　5 = 非常清楚		
32	获得的价格信息准确吗？	1 = 完全不清楚　2 = 不太清楚　3 = 一般　4 = 比较清楚　5 = 非常清楚		
33	您家苹果定价方式	1 = 市场统一价　2 = 市场参考价 + 质量奖励价　3 = 按合同		
34	苹果销售讨价还价时间	小时		
35	完成交易所需要的时间	小时		
36	是否检验农药残留	1 = 是；0 = 否		
37	是否检验含糖量	1 = 是；0 = 否		
38	是否检验可溶性固形物	1 = 是；0 = 否		
39	对产品质量认定有无分歧	1 = 是；0 = 否		
40	如果有，解决的方式为	1 = 双方协商 2 = 民间第三方介入 3 = 司法介入		
41	付款方式	1 = 现金 2 = 欠款 3 = 农资 4 = 部分现金，部分欠款 5 = 其他＿＿＿＿		
42	卖完后多长时间拿到钱	天		
43	催要货款次数	次		

七、家庭资产、信贷与消费

（一）家庭住房与耐用品拥有情况

序号	项目	数量	购买年份	市价	序号	项目	数量	购买年份	市价
1	住房				7	摩托车			
2	卡车				8	电动车			
3	轿车				9	电脑			
4	电视机				10	数码设备			
5	冰箱（柜）				11	空调			
6	洗衣机				12	其他			

您家出售或出租上述资产获得的收入，2012 年为＿＿＿＿＿＿＿元，2013 年为＿＿＿＿＿＿＿元。

（二）家庭信贷情况

1. 2011～2013 年您家里有无欠款（包括银行（信用社）贷款、合作社贷款、政府扶贫贷款或无息贷款、亲戚朋友借款）？ 1＝有 0＝无（如果回答"无"，跳到下一部分）

2. 如果有，是哪一年借的？（1）2011 年（2）2012 年（3）2013 年

3. 贷款金额是＿＿＿＿＿＿＿元，年利息是＿＿＿＿＿＿＿元

4. 贷款渠道是

（1）银行（信用社）贷款（2）企业或合作社（3）政府扶贫贷款或无息贷款（4）亲戚朋友借款（5）其他

5. 贷款主要用于（　　　）

（1）农田基建、建造地窖、冷库、灌溉设施建设，比例是＿＿＿＿＿＿＿

（2）化肥、农药、果袋、种苗、防雹网等农资及农机具，比例是

＿＿＿＿＿＿＿

（3）雇工费用，比例是＿＿＿＿＿＿＿

（4）建造住房、购买住房及购买耐用消费品，比例是＿＿＿＿＿＿＿

（5）子女受教育，比例是_____

（6）医疗支出，比例是_____

（7）生活支出，比例是_____

（8）子女结婚，比例是_____

（9）其他（请注明）_____，比例是_____

（三）家庭支出情况

序号	家庭支出类别	2013 年	序号	家庭支出类别	2013 年
1	总支出		7	教育和文化支出	
2	家庭食品消费额		8	房屋修缮支出	
3	家庭衣着支出		9	保险类支出	
4	购买日常用品、家电的支出		10	赡养支出	
5	医疗保健支出		11	礼品和礼金支出	
6	交通支出（含油费、保险费）		12	其他支出	

八、风险、气候变化认知与保险

（一）风险

1. 您认为您平时是个爱冒风险的人吗？

①完全不赞同 ②不赞同 ③既不赞同也不反对 ④赞同 ⑤完全赞同

2. 有人向您推荐一项新的农业生产技术，但不知道结果会怎样，您是否愿意采用？

即使有人采用，我也不会采用②如果有人采用，我会采用 ③不管有没有其他人采用，我会尝试采用

（二）气候变化认知

1. 您是否通过手机短信、电视或网络关注天气情况（   ）①是 ②否

2. 与过去20多年前相比，现在的温度（   ）①升高了；②下降了；③没有变化

3. 与过去20多年前相比，现在的降水（   ）①增多了；②减少了；

③没有变化

4. 与过去 20 多年前相比，旱灾发生次数（　　）①增多了；②减少了；③没有变化

5. 与过去 20 多年前相比，冻灾发生次数（　　）①增多了；②减少了；③没有变化

6. 为了应对气候变化，您是否采取了相应措施（　　）①是；②否

如果是，请注明采用以下哪种措施：覆膜措施、增加灌溉量、增加施用农家肥、增加施用化肥、放烟、防冻剂

（三）农业保险

1. 过去三年，您家果园遇到过哪些灾害？哪一年遇到的？

1 = 冻害，_____年；2 = 冰雹，_____年；3 = 旱灾_____年；4 = 水涝_____年；

5 = 风灾，_____年；6 = 雪灾，_____年；7 = 其他_____，_____年

2. 您觉得这些灾害程度如何？1 = 完全不严重；2 = 不严重；3 = 一般；4 = 严重；5 = 非常严重；

3. 您家种植的苹果是否投过保？1 = 是，_____年投保；　　0 = 否（如果回答否，跳到4）

序号	农业保险	选项	答案
1	主要投保的是什么风险？	1 = 水灾；2 = 旱灾；3 = 风灾；4 = 冰雹；5 = 雪灾；6 = 霜冻；7 = 全部自然灾害；8 = 其他	
2	是否遭受投保险种的灾害？	1 = 是；0 = 否	
3	保费	_____元/亩	
4	其中自己支付的比例？	_____%	
5	村集体或政府支出的比例	_____%	
6	投保多少	_____亩	
7	是否申请理赔	1 = 是；0 = 否	
8	如果是，谁申请的理赔？	1 = 自己；2 = 村委会；3 = 合作社；4 = 合作的企业；5 = 其他_____	

续表

序号	农业保险	选项	答案
9	是否得到赔付?	1 = 是；0 = 否	
10	赔付标准	＿＿＿元/亩	
11	获得赔付	＿＿＿元/亩	
12	受灾程度如何认定?	1 = 与投保地块正常年景产出对比；2 = 与村内的平均产出对比；3 = 由相关专家判断；4 = 其他	
13	理赔的对照标准如何确定	1 = 保险公司确定；2 = 自己与保险公司商议；3 = 村委会与保险公司商议；4 = 合作社与保险公司商议；5 = 其他	
14	赔付后第二年保费是否增加	1 = 是；0 = 否	
15	您觉得所得赔付是否合理	1 = 非常合理；2 = 差不多，还可以；3 = 不合理	
16	如果不合理，为什么?	1 = 赔付太少；2 = 理赔程序太过复杂；3 = 赔付不及时；4 = 赔付未直接发给我本人，不透明；5 = 其他	

4. 您没投保的原因是

1 = 没有保险；2 = 赔付太少；3 = 理赔程序太过复杂；4 = 赔付不及时；5 = 赔付未直接发给我本人，不透明；6 = 其他

5. 如果政府出台政策性农业保险，您是否意愿参保?

1 = 愿意；2 = 不愿意

6. 如果政府出台政策性农业保险（如每亩保险费 100 元），政府补贴多少时您愿意参与保险?

（1 = 0 元；2 = 20 元；3 = 30 元；4 = 50 元；6 = 70 元；7 = 80 元；8 = 100 元）

【请调查员观察受访对象的如下情况】

1. 受访者的理解能力：很差—1—2—3—4—5→很好

2. 受访者的表达能力：很差—1—2—3—4—5→很好

3. 受访者的健康状况：很差—1—2—3—4—5→很好

4. 受访者的配合程度：很差—1—2—3—4—5→很好

5. 受访者信息的可信程度：很差—1—2—3—4—5→很好

附录二　村级调查问卷

省：＿＿＿＿＿县：＿＿＿＿＿镇（乡）：＿＿＿＿＿行政村：＿＿＿＿＿

调查对象：＿＿＿＿＿电话号码：＿＿＿＿＿调查日期：＿＿＿＿＿

调查员：＿＿＿＿＿复核员：＿＿＿＿＿

1. 本行政村（以下简称本村）农户（　　　）户，其中苹果种植户（　　　）户；

2. 本行政村土地面积（　　　）亩，其中苹果总面积（　　　）亩；挂果园地面积（　　　）亩；

3. 本村成年劳动力人数（年龄在18岁以上60岁以下）（　　　）人；

4. 本村高中以上文化程度的劳动力数量（　　　）人；

5. 本村冷库数量（　　　）；苹果经纪人数量（　　　）；苹果收购站数量（　　　）；

6. 本村苹果加工企业数量（　　　）；苹果包装企业数量（　　　）；苹果客商数量（　　　）；农资供应点数量（　　　）；

7. 本村到省会的距离（　　　）；到县城的距离（　　　）；到镇政府所在地的距离（　　　）；

8. 本村到最近的国道或高速公路距离（　　　）；到最近的果站距离（　　　）；到最近的水果批发市场距离（　　　）；

9. 本村机井个数（　　　）；灌溉渠道长度（　　　）米；灌溉面积占总面积比重（　　　）；

10. 村内水泥路长度（　　　）千米；村内柏油路长度（　　　）千米；

村内砂石路长度（　　　）千米；

11. 本村农业生产用电价格（　　　）元/度；生产用水价格（　　　）元/吨；苹果园租赁价格（　　　）元/亩/年；耕地租赁价格（　　　）元/亩/年；

12. 2011 年农忙男雇工平均价格（　　　）元/天；农忙女雇工平均价格（　　　）元/天；

农闲男雇工平均价格（　　　）元/天；农闲女雇工平均价格（　　　）元/天；

13. 本村是否有技术员或专家（非农资企业推销员）？1 = 是（_____人）；0 = 否；

如果是，是否固定来进行技术指导？1 = 固定（_____次/年）；0 = 不固定；

14. 本村是否有果农协会？1 = 是（_____个）；0 = 否；是否有示范基地？1 = 是（_____亩）；0 = 否；

15. 本村是否与果品或农资企业建立合作关系？1 = 是（_____个）；0 = 否；

16. 2011 年技术培训由果站主办_____次？由果农协会（合作社）主办_____次？果品或农资企业主办_____次？

17. 政府是否对本村提供技术扶持政策？1 = 有（政策①_____；政策②_____）；0 = 没有；

扶持政策是否有用？1 = 完全没用　2 = 比较没用　3 = 一般　4 = 比较有用　5 = 非常有用；

18. 政府是否对本村提供技术资金服务（如生产低息贷款）？1 = 有　0 = 没有；

资金服务是否有用？1 = 完全没用　2 = 比较没用　3 = 一般　4 = 比较有用　5 = 非常有用；

19. 村里有没有气象服务？1 = 有　0 = 没有。

参 考 文 献

[1] 阿伦·施瓦茨. 契约理论和契约规制理论. 载自契约经济学——理论和应用 [M]. 王秋石,李国民,等译. 北京:中国人民大学出版社, 2011: 90 - 96.

[2] 埃里克·弗鲁斯顿,鲁道夫·芮切特. 新制度经济学——一个交易费用分析范式 [M]. 姜建强,罗长远,译. 上海:格致出版社, 2006.

[3] 奥利弗·E. 威廉姆森. 资本主义经济制度 [M]. 北京:商务印书馆, 2000.

[4] 奥利弗·E. 威廉姆森. 经济组织的逻辑 [M]. 北京:商务印书馆, 1985: 116 - 118.

[5] 蔡荣,韩洪云. 交易成本对农户垂直协作方式选择的影响——基于山东省苹果种植户的调查数据 [J]. 财贸经济, 2011 (7): 101 - 109.

[6] 蔡荣. "合作社 + 农户" 模式:交易费用节约与农户增收效应——基于山东省苹果种植户问卷调查的实证分析 [J]. 中国农村经济, 2011 (1): 58 - 65.

[7] 柴玲欢,朱会义. 中国粮食生产区域集中化的演化趋势 [J]. 自然资源学报, 2016, 31 (6): 909 - 919.

[8] 陈和午,聂斌. 农户土地租赁行为分析——基于福建省和黑龙江省的农户调查 [J]. 中国农村经济, 2006 (2): 42 - 48.

[9] 陈强. 高级计量经济学及 Stata 应用(第二版) [M]. 北京:高等教育出版社, 2014.

[10] 陈钊, 陆铭. 在集聚中走向平衡: 中国城乡与区域经济协调发展的实证研究 [M]. 北京: 北京大学出版社, 2009: 1-2.

[11] 邓大才. 农地流转的交易成本与价格研究——农地流转价格的决定因素分析 [J]. 财经问题研究, 2007 (9): 89-96.

[12] 邓大才. 制度安排、交易成本与农地流转价格 [J]. 中州学刊, 2009 (2): 58-62.

[13] 弗兰克·艾利思. 农民经济学——农民家庭农业和农业发展 [M]. 胡景北, 译. 上海: 上海人民出版社, 1988: 137-143.

[14] 郭于华. "道义经济" 还是 "理性小农" ——重读农民学经典论题 [J]. 读书, 2002: 103-110.

[15] 侯建昀, 霍学喜. 交易成本与农户农产品销售渠道选择——来自7省124村苹果种植户的经验证据 [J]. 山西财经大学学报, 2013 (7): 59-64.

[16] 侯建昀, 霍学喜. 专业化农户农地流转行为的实证分析——基于苹果种植户的微观证据 [J]. 南京农业大学学报 (社会科学版), 2016 (2): 92-97.

[17] 侯军岐. 论农业产业化的组织形式与农民利益的保护 [J]. 农业经济问题, 2003 (2): 51-54.

[18] 胡新艳, 罗必良, 王晓海, 吕佳. 农户土地产权行为能力对农地流转的影响 [J]. 财贸研究, 2013 (5): 25-31.

[19] 黄季焜, 邹亮亮, 冀县卿, Scott Rozelle. 中国的农地制度、农地流转和农地投资 [M]. 上海: 格致出版社、上海三联书店、上海人民出版社, 2012: 183-242.

[20] 黄丽萍. 交易成本与农村专业合作经济组织发展困境——基于农户层面的分析 [J]. 东南学术, 2007 (5): 34-39.

[21] 黄英伟. 历史上的地权: 研究现状与趋势 [R]. 中国社科院经济研究所工作论文, 2015.

[22] 黄宗智. 华北的小农经济与社会变迁 [M]. 北京: 中华书局,

2000：174.

[23] 黄宗智. 中国农业的隐性革命 [M]. 北京：法律出版社，2010.

[24] 黄祖辉，徐旭初. 大力发展农民专业经济组织 [J]. 农业经济问题，2003 (5)：41-45.

[25] 黄祖辉，张静. 交易费用与农户契约选择——来自浙冀两省15县36个村梨农调查的经验证据 [J]. 管理世界，2008 (9)：76-91.

[26] 霍学喜，王静，朱玉春. 技术选择对苹果种植户生产收入变动影响——以陕西洛川苹果种植户为例 [J]. 农业技术经济，2011 (6)：12-21.

[27] 金松青，Klaus Deininger. 中国农村土地租赁市场的发展及其在土地使用公平性和效率性上的含义 [J]. 经济学 (季刊)，2004 (4)：1003-1029.

[28] 靳云汇，金赛男等. 高级计量经济学 [M]. 北京：北京大学出版社，2011：245-247.

[29] 李谷成，冯中朝，范丽霞. 小农户真的有效率吗？来自湖北省的经验证据 [J]. 经济学 (季刊)，2009 (1)：95-124.

[30] 李孔岳. 农地专用性资产与交易的不确定性对农地流转交易成本的影响 [J]. 管理世界，2009 (3)：92-98.

[31] 李庆海，李锐，王兆华. 农户土地租赁行为及其福利效果 [J]. 经济学 (季刊)，2011 (11)：269-288.

[32] 李升发，李秀彬. 耕地撂荒研究进展与展望 [J]. 地理学报，2016，71 (3)：370-389.

[33] 李树苗，梁义成，Marcus W. Feldman，Gretchen C. Daily. 退耕还林政策对农户生计的影响研究——基于家庭结构视角的可持续生计分析 [J]. 公共管理学报，2010，7 (2)：1-9.

[34] 李小建等. 农户地理论 [M]. 北京：科学出版社，2009：227.

[35] 李小军，李宁辉. 粮食主产区农村居民食物消费行为的计量分

析［J］．统计研究，2005（7）：43－48.

［36］李周．中国农村发展的成就与挑战［J］．中国农村经济，2013
（8）：4－15.

［37］梁义成，MarcusW. Feldman，李树茁，Gretchen C. Daily，黎洁．
离土与离乡：西部山区农户的非农兼业研究［J］．世界经济文汇，2010
（2）：12－24.

［38］廖祖君，郭晓鸣．中国农业经营组织体系演变的逻辑与方向：
一个产业链整合的分析框架［J］．中国农村经济，2015（2）：13－21.

［39］林毅夫．制度技术与中国农业发展［M］．上海：三联书店，
2005：93－120.

［40］林毅夫．新结构经济学——重构发展经济学的框架［J］．经济
学（季刊），2010（1）：1－32.

［41］刘凤芹．不完全合约与履约障碍［J］．经济研究，2003（4）：
22－30.

［42］刘克春．农户农地使用权转出行为的实证研究［J］．统计与决
策，2008（5）：107－109.

［43］刘勤．农地流转的交易成本困境与村级组织的服务优势［J］．
农场经营与管理，2012（5）：25－30.

［44］刘帅，钟甫宁．实际价格、粮食可获性与农业生产决策——基于
农户模型的分析框架和实证检验［J］．农业经济问题，2011（6）：15－22.

［45］龙方，任木荣．农业产业组织模式及其形成的动力机制分析
［J］．农业经济问题，2007（4）：34－38.

［46］罗必良，李尚蒲．农地流转的交易成本：威廉姆森分析范式及
广东的证据［J］．农业经济问题，2010（12）：30－40.

［47］罗必良，李玉勤．农业经营制度：制度底线、性质辨识与创新
空间［J］．农业经济问题，2014（1）：8－18.

［48］罗必良，刘成香，吴小立．资产专用性、专业化生产与农户的
市场风险［J］．农业经济问题，2008（7）：10－14.

[49] 罗必良,欧晓明."公司+农户"合作契约及其治理——东进农牧(惠东)有限公司的案例研究 [M].北京:中国农业出版社,2012.

[50] 罗必良,欧晓明.合作机理、交易对象与制度绩效——"公司+农户"的合作方式及其对"温氏模式"的解读 [M].北京:中国农业出版社,2010:12-48.

[51] 罗必良,汪沙,李尚蒲.交易费用、农户认知与农地流转——来自广东省的农户问卷调查 [J].农业技术经济,2012(1):11-22.

[52] 罗必良,吴晨.交易效率:农地承包经营权流转的新视角——基于广东个案研究 [J].农业技术经济,2008(7):12-19.

[53] 罗必良.农业经济组织的制度结构与经济绩效 [J].农业经济问题,1999(6):11-15.

[54] 聂辉华.最优农业契约与中国农业产业化模式 [J].经济学(季刊),2012(4):313-330.

[55] 聂辉华.交易费用经济学:过去、现在和外来——兼评威廉姆森《资本主义经济制度》[J].管理世界,2004(12):146-153.

[56] 普兰纳布·巴德汉,克里斯托佛·尤迪著.发展微观经济学 [M].陶然等,译.北京:北京大学出版社,1999:37.

[57] 恰亚诺夫.农民经济组织 [M].萧正洪,译.北京:中央编译出版社,1920:15.

[58] 钱忠好.农地承包经营权市场流转:理论与实证分析——基于农户层面的经济分析 [J].经济研究,2003(2):83-94.

[59] 屈小博,霍学喜.农户消费行为两阶段 LES-AIDS 模型分析——基于陕西省农村住户的微观实证 [J].中国人口科学,2007(5):80-96.

[60] 屈小博,霍学喜.交易成本对农户农产品销售行为的影响——基于陕西省6个县27个村果农调查数据 [J].中国农村经济,2007(8):37-44.

[61] 饶旭鹏.国外农户经济研究理论述评 [J].学术界,2010

(10): 1 - 12.

　[62] 盛先友. 分工与专业化组织 [D]. 安徽农业大学, 2005.

　[63] 石敏, 李琴. 我国农地流转的动因分析——基于广东省的实证研究 [J]. 农业技术经济, 2014 (1): 49 - 55.

　[64] 史清华, 贾生华. 农户家庭农地要素流动趋势及其根源比较 [J]. 管理世界, 2002 (1): 71 - 77.

　[65] 舒尔茨. 改造传统农业 [M]. 梁小民译. 北京: 商务印书馆, 1964: 63 - 67.

　[66] 思拉恩·埃格特森. 经济行为与制度 [M]. 吴经邦, 李耀, 朱寒松, 王志宏等, 译. 北京: 商务印书馆, 1990: 6.

　[67] 宋金田, 祁春节. 交易成本对农户农产品销售方式选择的影响——基于对柑橘种植农户的调查 [J]. 中国农村观察, 2011 (5): 33 - 44.

　[68] 孙振, 乔光华, 白宝光. 基于关系合约的农业垂直协作研究 [J]. 农业技术经济, 2013 (9): 20 - 25.

　[69] 天则经济研究所 "中国土地问题" 课题组. 土地流转与农业现代化 [J]. 管理世界, 2010 (10): 66 - 85.

　[70] 天则经济研究所 "中国土地问题" 课题组. 城市化背景下土地产权的实施和保护 [J]. 管理世界, 2007 (12): 31 - 47.

　[71] 田传浩, 贾生华. 农地制度、地权稳定性与农地使用权市场发育: 理论与来自苏浙鲁的经验 [J]. 经济研究, 2004 (1): 112 - 119.

　[72] 万举. 农地流转成本、交易体系及其权利完善 [J]. 改革, 2009 (2): 94 - 101.

　[73] 万俊毅. 准纵向一体化、关系治理与合约履行——以农业产业化经营的温氏模式为例 [J]. 管理世界, 2008 (12): 93 - 102.

　[74] 王静, 霍学喜. 农户技术选择对其生产经营收入影响的空间溢出效应分析——基于全国七个苹果主产省的调查数据 [J]. 中国农村经济, 2015 (1): 31 - 43.

[75] 王静, 霍学喜. 交易成本对农户要素稀缺诱致性技术选择行为影响分析——基于全国七个苹果主产省的调查数据 [J]. 中国农村经济, 2014 (2): 1-7.

[76] 王静. 苹果种植户技术选择行为研究——基于苹果产业技术创新环境评价视角 [D]. 杨凌: 西北农林科技大学, 2013: 1-3.

[77] 王丽佳, 霍学喜. 合作社成员与非合作社成员交易成本比较分析——以陕西苹果种植户为例 [J]. 中国农村观察, 2013 (3): 54-64.

[78] 王明, 杨轩嘉. 关于中国农业现代化发展的思考 [J]. 中国发展, 2015, 15 (6): 50-56.

[79] 王颜齐, 郭翔宇. 农地流转的制度经济学分析——基于交易费用两分范式 [M]. 北京: 中国农业出版社, 2012: 1-392.

[80] 王彦齐, 郭翔宇. "交易费用两分": 一个关于交易费用的研究范式 [M]//制度经济学研究 (第3期). 北京: 经济科学出版社, 2012: 117-146.

[81] 威廉姆森. 资本主义经济制度 [M]. 北京: 商务印书馆, 2003: 27-64.

[82] 文贯中. 现代经济学前沿专题 (第一集) [M]. 北京: 商务印书馆, 1989: 138.

[83] 吴晨. 农地流转的交易成本经济学分析 [M]. 北京: 经济科学出版社, 2011.

[84] 吴连翠, 陆文聪. 基于农户模型的粮食补贴政策绩效模拟研究 [J]. 中国农业大学学报, 2011, 16 (5): 171-178.

[85] 吴秀敏, 林坚. 农业产业化经营中契约形式的选择 [J]. 浙江大学学报 (人文社会科学版), 2004 (5): 13-19.

[86] 徐旭初. 中国农民专业合作经济组织的制度分析 [M]. 北京: 经济科学出版社, 2005: 116-117.

[87] 许庆, 田世超, 邵挺, 徐志刚. 土地制度、土地细碎化与农民收入不平等 [J]. 经济研究, 2009 (5): 83-105.

[88] 姚文，祁春节. 交易成本对中国农户鲜茶叶交易中垂直协作模式选择意愿的影响——基于 9 省（区、市）29 县 1394 户农户调查数据的分析 [J]. 中国农村经济，2011（2）：52 - 66.

[89] 姚洋. 农地制度与农业绩效的实证研究 [J]. 中国农村观察，1998（2）：3 - 12.

[90] 姚洋. 非农就业机会与土地租赁市场的发育 [J]. 中国农村观察，1999（2）：16 - 37.

[91] 尹成杰. 农民持续增收动力内部动力与外部动力相结合 [J]. 中国农村经济，2006（1）：4 - 11.

[92] 应瑞瑶，孙艳华. 江苏省肉鸡行业垂直协作形式的调查与分析——从肉鸡养殖户角度 [J]. 农业经济问题，2007（7）：17 - 21.

[93] 尤小文. 农户经济组织研究 [M]. 长沙：湖南人民出版社，2005.

[94] 游和远，吴次芳，鲍海君. 农地流转、非农就业与农地流转福利——来自黔浙鲁农户的证据 [J]. 农业经济问题，2013（3）：16 - 27.

[95] 俞海，黄季焜，Scott Rozell. 地权稳定性、土地流转与农地资源持续利用 [J]. 经济研究，2003（9）：82 - 95.

[96] 詹姆斯·C. 斯科特. 农民的道义经济学：东南亚的反叛与生存 [M]. 程立显，刘建，等译. 南京：译林出版社，1976：16 - 41.

[97] 张林秀，徐小明. 农户生产在不同政策环境下行为研究——农户系统模型的应用 [J]. 农业技术经济，1996（4）：27 - 33.

[98] 张维迎. 市场的逻辑 [M]. 上海：世纪出版集团、上海人民出版社，2012：12.

[99] 张五常. 财产权利与制度变迁 [M]. 上海：上海人民出版社，1983：137 - 139.

[100] 张五常. 财产权利与制度变迁——产权学派与新制度学派译文集 [M]. 上海：上海人民出版社，1994：138 - 169.

[101] 张晓山. 走中国特色农业现代化道路——关于农村土地资源利用的几个问题 [J]. 学术研究，2008（1）：75 - 79.

[102] 张永丽. 合作与不合作的政治经济学分析——欠发达地区市场化进程中的农民经济组织发展研究 [M]. 北京：中国社会科学出版社，2005：30 - 65.

[103] 章元，万广华，刘修岩，许庆. 参与市场与农村贫困：一个微观分析的视角 [J]. 世界经济，2009（9）：3 - 13.

[104] 章元，万广华. 市场化与经济增长成果的分享：来自中国和印度尼西亚的微观证据 [J]. 农业技术经济，2010（1）：18 - 26.

[105] 章元. 中国农村经济——制度、发展与分配 [M]. 上海：格致出版社，上海人民出版社，2012：18.

[106] 钟甫宁，纪月清. 土地产权、非农就业机会与农业生产投资 [J]. 经济研究，2009（12）：43 - 51.

[107] 钟文晶，罗必良. 禀赋效应、产权强度与农地流转抑制——基于广东省的实证分析 [J]. 农业经济问题，2013（3）：6 - 18.

[108] 周立群，曹利群. 农村经济组织形态的演变与创新 [J]. 经济研究，2001（1）：69 - 75.

[109] 周立群，曹利群. 商品契约优于要素契约 [J]. 经济研究，2002（1）：14 - 19.

[110] 周其仁. 中国农村改革：国家和所有权关系的变化——一个经济制度变迁史的回顾 [J]. 中国社会科学（季刊），1994（3）：1 - 60.

[111] 朱学新. 降低农产品交易费用的制度选择 [J]. 农业经济问题，2005（12）：30 - 33.

[112] Alene A. D., Manyong V. M., Omanya G., Mignouna H. D., Bokanga M., Odhiambo G. Smallholder Market Participation under Transactions Costs: Maize Supply and Fertilizer Demand in Kenya [J]. Food Policy, 2008 (4): 318 - 328

[113] Alston Lee, Samar K. Datta, Jeffey B. Nugent. Tenancy Choice in a Competitive Framework with Transactions Costs [J]. Journal of Political Economy, 1984, 92 (6): 1121 - 1133.

［114］ Andre Catherine, Jean – Philippe Platteau. Land Relations under Unbearble Stress: Rwanda Caught in the Malthusian Trap ［J］. Journal of Economic Behavior and Organization, 1998, 34 (1): 1 –47.

［115］ Andrew Dorward. The Effects of Transaction Costs, Power and Risk on Contractual Arrangements: A Conceptual Framework for Quantitative Analysis ［J］. Journal of Agricultural Economics, 2001, 52 (2): 60 –73.

［116］ Atanu Saha. A Two-season Agricultural Household Model of Output and Price Uncertainty ［J］. Journal of Development Economics, 1994 (45): 245 –269.

［117］ Bairoch P. Cities and Economic Development: From the Dawn of History to the Present ［M］. Translated by C. Braider. Chicago: University of Chicago Press, 1988: 35 –47.

［118］ Bardhan Pranab K. , Chris Udry. Development Microeconometrics ［M］. Oxford, UK: Oxford University, 1999.

［119］ Barghouti S. , S. Kane, K. Sorby. Poverty, Agricultural Diversification in Developing Countries ［R］. The World Bank (mimeo), 2003: 1 –35.

［120］ Barnum H. N. , Squire L. A Model of an Agricultural Household: Theory and Evidence ［J］. World Bank Occasional Paper, 1979, 27: 105 – 107.

［121］ Barrett C. B. , Bachke M. E. , Bellemare M. F. Smallholder participation in contract farming: Comparative evidence from five countries ［J］. World Development, 2012, 40: 715 –730.

［122］ Bellemare M. F. As you sow, so shall you reap: The welfare impacts of contract farming ［J］. World Development, 2012 (40): 1418 –1434.

［123］ Benjamin D. , L. Brandt. Property Rights, Labor Markets and Efficiency in a Transition Economy: The Case of Rural China ［M］. University of Toronto Press, 2000.

［124］ Besley T. Property Rights and Investment Incentives: Theory and

Evidence from China [J]. Journal of Political Economy, 1995, 103: 903 – 937.

[125] Binswanger Hans P. , Mark R. Rosenzweig. Behavior and Material Determinants of Production Relations in Agriculture [J]. Journal of Development Studies, 1986, 22 (3): 503 – 539.

[126] Bolwig S. , Gibbon P. , Jones S. The economics of smallholder organic contract farming in tropical Africa [J]. World Developmen, 2009, 37: 1094 – 1104.

[127] Borras Jr S. , Franco J. From Threat to Opportunity – Problems with the Idea of a Code of Conduct for Land – Grabbing [J]. Yale Hum. Rts. & Dev. LJ, 2010, 13: 507.

[128] Brandt L. , J. K. Huang, G. Li, S. Rozelle. Land Rights in China: Facts, Fictions and Issues [J]. China Journal, 2002, 23 (4): 67 – 97.

[129] Briones R. M. Small Farmers in High – Value Chains: Binding or Relaxing Constraints to Inclusive Growth? [J]. World Development, 2015, 72: 43 – 52.

[130] Cahyadi E. R. , Waibel H. Is contract farming in the Indonesian oil palm industry pro-poor? . Journal of Southeast Asian Economies (JSEAE), 2013, 30 (1): 62 – 76.

[131] Careter Michael R. , Yang Yao. Local versus Global Separability in Agricultural Household Models: The Factor Price Equalization Effect of Land Transfer Rights [J]. American Journal of Agricultural Economics, 2002, 84 (3): 702 – 715.

[132] Cheung S. N. S. The Contractual Nature of the firm [J]. Journal of Law and Economics, 1983, 26 (1): 493 – 517.

[133] Christopher B. Barret. Smallholder market participation: Concepts and evidence from eastern and southern Africa [J]. Food Policy, 2008, 33: 299 – 317.

[134] Coase R. H. The Nature of the Firm [J]. Economica, 1994, 4 (11): 386 – 405.

[135] Coase R. H. The New Institutional Economics [J]. Economica, 1998, 88 (2): 72 – 74.

[136] Davaid E. Bowen, Gareth R. Jones. Transaction Cost Analysis of Service Organization – Customer Exchange [J]. The Academy of Management Review, 1986, 11 (2): 428 – 441.

[137] De Janvry A., M. Fafchamps, E. Saoulet. Peasant household behavior with missing markets: Some paradoxes explained [J]. The Economic Journal, 1991, 101 (409): 1400 – 1417.

[138] De Schutter O. Towards more equitable value chains: alternative business models in support of the right to food [R]. Report presented at the 66th Session of the United Nations General Assembly [A/66/262]. UN, New York, 2012.

[139] Eleni Z. Gabre – Madhin. Market Institutions, Transaction Costs and Social Capital in the Ethiopian Grain Market [R]. International Food Policy Research Institute Research Report, 2001: 1 – 93.

[140] Eric Brousseau, Jean – Michel Glachant. New Intentional Economics: A Guidebook [M]. Cambridge: Cambridge University Press, 2008: 298 – 299.

[141] Escobal J., V. Agreda, T. Reardon. Institutional change and agro-industrialization on the Peruvian Coast: Innovations, impacts and implications [J]. Agricultural Economics, 2000, 23 (3): 267 – 277.

[142] Eswaran Mukesh, Ashok Kotwal. A Theory of Contractual Structure in Agriculture [J]. American Economic Review, 1985, 75 (3): 352 – 367.

[143] Fafchamps M. Cash crop production, food price volatility and rural market integration in the third world [J]. American Journal of Agricultural Economics, 1992, 74 (1): 90 – 99.

[144] Fearnside, Philip M. Land – Tenure Issues as Factors in Environmental Destruction in Brazilian Amazonia [J]. World Development, 2001, 29: 1361 – 1372.

[145] Feder G., Just R., Zilberman D. Adoption of Agricultural Innovations in Developing Countries: A Survey [J]. Economic Development and Cultural Change, 1985, 33 (2): 255 – 289.

[146] Garth Holloway, Christopher B. Barrett, Simeon Ehui. Bayesian Estimation of the Double Hurdle Model in the Presence of Fixed Costs [J]. Journal of International Agricultural Trade and Development, 2005, 1 (1): 17 – 28.

[147] Gary S. Becker. A Theory of the Allocation of Time [J]. The Economic Journal, 1965, 75 (9): 493 – 517.

[148] Getachew A. Woldie and E. A. Nuppenau. Channel Choice in the Ethiopian Banana Market: A transaction Cost Economics Perspective [J]. Journal of Economic Theory, 2009, 3 (4): 80 – 90.

[149] Getachew A. Woldie and E. A. Nuppenau. A Contribution to Transaction Costs: Evidence from Banana Markets in Ethiopia [J]. Agribusiness, 2011, 27 (4): 493 – 508.

[150] Goetz S. J. A Selectivity Model of Household Food Marketing Behavior in Sub – Saharan Africa [J]. American Journal of Agricultural Economics, 2003, 74 (2): 444 – 452.

[151] Gunther Schmitt. Why is the Agriculture of Advanced Western Economies Still Organized by Family Farms? Will This Continue to Be so in the Future? [M] Edited by George H. Peters. Agricultural Economics. Aldershot, UK. Brookfield, US, 1995.

[152] Harou A., Walker T. The pineapple market and the role of cooperatives [R]. Working Paper, Cornell University, 2010.

[153] Hayami Y., A. Quisumbing, L. Adriano. Toward an Alternative

Land Reform Paradigm: A Philippine Perspective [R]. Clarendon Press, 1993.

[154] Hazell P., C. Poulton, S. Wiggins, A. Dorward. The Future of small farms for poverty reduction and growth [R]. International Food Policy Research Institute (IFPRI) 2020 Discussion Paper 42. Washington D. C., IFPRI, 2007.

[155] Hiroyuki Takeshima, Alex Winter – Nelson. Sales Location and Supply Response among Semisubsitence Farmers in Benin: A Heteroskedastic Double Selection Model [R]. IFRRI Discussion Paper 0099, 2010, 9: 1 – 26.

[156] Hisatoshi Hoken. Development of Land Rental Market and its Effect on Household Farming In Rural China: An Empirical Study in Zhejiang Province [R]. IDE DISCUSSION PAPER NO. 323, 2007: 1 – 26.

[157] Holden Stern T., Keijiro Otsuka, Rodney Lunduka. Land Policy Reform: The Role of Land Markets and Women's Land Rights in Malawi [R]. Working Paper. As: Norweigian University of Life Sciences, 2006.

[158] Holden S., H. Yohannes. Land Redistribution, Tenure Insecurity and Investment in Rural China [J]. American Economic Review, 2002, 92 (5): 1420 – 1447.

[159] Holdens, Otsuka, Place. The Emergence of Land Markets in Africa: Impacts on Poverty, Equity and Efficiency [M]. Routledge, 2009: 12 – 18.

[160] Holoway G., Nicholson C., Delgado C., Staal S., Ehui S. Agro-Industrialization through Institutional Innovation, Transaction costs, Cooperatives and Milk Market Development in the East African Highlands [J]. Agricultural Economics, 2000, 23 (3): 279 – 288.

[161] Huang Jikun, Gao Liangliang, Rozelle Scot. The effect of off-farm employment on the decisions of households to rent out and rent in cultivated land in China [J]. China Agricultural Economic Review, 2012, 2 (1): 5 – 17.

[162] Hymer Stephen H., Resnick Stephen. A Model of an Agrarian

Economy with Nonagricultural Activities [J]. American Economic Review, 1969, 59 (4): 493 –506.

[163] Imre FertÖ, Gábor G. Szabó. The Choice of Supply Channels in Hungarian Fruit and Vegetable Sector [R]. Paper for presentation to the American Agricultural Economics Association, 2002: 1 – 15.

[164] Jill E. Hobbs. Measuring the Importance of Transaction Costs in Cattle Marketing, American Journal of Agricultural Economics, 1997, 79 (4): 1083 – 1095.

[165] Jill L. Findeis. Subjective Equilibrium Theory of the Farm Household: Theory Revisited and New Directions [R]. Presenting Paper at the Workshop on the Farm Household – Firm Unit, 2002: 1 – 15.

[166] Jin S. , K. Deinger. Land Rental Markets in the Process of Rural Structural Transformation: Productivity and Equity Impacts from China [J]. Journal of Comparative Economics, 2009, 37 (4): 629 – 646.

[167] Jing Wang, Xuexi Huo, Assem Abu Hatab, Md. Shajahan Kabir. Non-neutral technology, farmer income and poverty reduction: Evidence from high-value agricultural household in China [J]. Journal of Food, Agriculture & Environment, 2010, 10 (3&4): 582 – 589.

[168] Johannes Sauer, Sophia Davidova, Laure Latruffe. Determinants of Smallholders' Decisions to Leave Land Fallow, The Case of Kosovo [J]. Journal of Agricultural Economics, 2012, 63 (1): 119 – 141.

[169] John Groenewegen. Transaction Cost Economics and Beyond [R]. Kluwer Academic Publishers, 1999: 15 – 57.

[170] John Jagwe, Charles Machethe, Emily Ouma. Transaction Costs and Smallholder Famers' Participation in Banana Markets in the Great Lakes Region of Burundi, Rwanda and the Democratic Republic of Congo [J]. The African Journal of Agricultural and Resource Economics, 2010, 6 (1): 302 – 316.

［171］John M. Staatz. Farmers' Incentive to Tare Collective Action via Co-operatives: a transaction cost approach ［R］. University of Michigan State Discussion Paper, 1987: 87 – 107.

［172］John McCloskey. The Enclosure of Open Fields: Preface to a Study of Its Impact on the Efficiency of English Agriculture in the Eighteenth Century ［J］. Journal of Economic History, 1972, 32: 15 – 35.

［173］Kauls Deinger, Songqing Jin. The Potential of Land Rental Markets in the Process of Economic Development: Evidence from China ［J］. Journal of Development Economics, 2009, 78 (2): 41 – 270.

［174］Key N, McBride W D. Do production contracts raise farm productivity? An instrumental variables approach ［J］. Agricultural and Resource Economics Review, 2008, 37 (2): 176 – 187.

［175］Khaledi M. , Weseen S. , Sawyer S. , Ferguson S. , R. Factors Influencing Partial and Complete Adoption of Organic Farming Practices in Saskatchewan, Canada ［J］. Canadian Journal of Agricultural Economics, 2010, 58: 37 – 56.

［176］Klaus Deininger, Songqin Jin. Land Sales and Rental Markets in Transition: Evidence from Rural Vietnam ［J］. Oxford Bulletin of Economics and Statistics, 2008, 70 (1): 67 – 101.

［177］Li G. , S. Rozelle, L. Brandt. Tenure, Land Rights and Farmer Investment Incentives in China ［J］. Agricultural Economics, 1998, 41 (19): 63 – 71.

［178］Low A. Agricultural Development in Southern Africa: Farm Household – Economics and the Food Crisis ［M］. Heinemann, 1986: 1 – 217.

［179］Lowder S. K. , Skoet J. , Raney T. The Number, Size and Distribution of Farms, Smallholder Farms and Family Farms Worldwide ［J］. World Development, 2016, 87: 16 – 29.

［180］Macoours Karen, Alain de Janvry, Elisebeth Sadoulet. Insecurity of Property Rights and Social Matching in the Tenancy Market [J]. European Economic Review, 2010, 54 (7): 880 – 899.

[181] Maltsoglou Irini, Tanyeri – Abur Ayen. Transaction costs, Institutions and Smallholder Market Integration: Potato Producers in Peru [R]. Papers provided by Agricultural and Development Economics Division, Food and Agriculture Organization, United Nations, 2005.

[182] McMichael P. Development and social change: A global perspective [R]. Sage Publications, 2016.

[183] Marc F. Bellemare, Christopher B. Barrett. An Ordered Probit Model of Participation: Evidence from Kenya and Ethiopia [J]. American Journal of Agricultural Economy, 2006, 88 (2): 324 – 337.

[184] Marcel Fafchamps. Market Institutions in Sub – Saharan Africa: Theory and Evidence [R]. Massachusetts: The MIT Press, 2003: 55 – 57.

[185] Mellor J. W. The Use and Productivity of Farm Family Labor in the Early Stage of Agricultural Development [J]. American Journal of Agricultural Economic, 1963, 45 (3): 517 – 534.

[186] Michael L. Cook. The Future of U. S. Agricultural Cooperatives: A Neo-Institutional Approach [J]. American Journal of Agricultural Economic, 1995, 77 (5): 1153 – 1159.

[187] Michelson H. C. Small farmers, NGOs and a Walmart World: Welfare effects of supermarkets operating in Nicaragua [J]. American Journal of Agricultural Economics, 2013, 95 (3): 628 – 649.

[188] Michelson H., Reardon T., Perez F. Small farmers and big retail: trade-offs of supplying supermarkets in Nicaragua [J]. World Development, 2012, 40: 342 – 354.

[189] Mignell R., L. Jones. Vertical Coordination in Agriculture [R]. USDA, ERS, Agricultural Economic Report No. 19, 1963: 1 – 99.

[190] Minot N. Contract farming in developing countries: patterns, im-

pact and policy implications [J]. Case Study, 2007, 6 (3): 15 – 37.

[191] Mitch Renkow, Daniel G. Hallstrom, Daniel Karanja. Rural infra-structure, transaction costs and market participation in Kenya [J]. Journal of Development Economies, 2004, 73 (1): 349 – 367.

[192] Miyata S. , Minot N. , Hu D. Impact of contract farming on income: linking small farmers, packers and supermarkets in China [J]. World Development, 2009, 37: 1781 – 1790.

[193] Nakajima C. Subjective Equilibrium Theory of Consumer Behavior [M]. Amsterdam: Elsevier, 1986: 1 – 302.

[194] Narayanan S. Profits from participation in high value agriculture: Evidence of heterogeneous benefits in contract farming schemes in Southern India [J]. Food Policy, 2014, 44: 142 – 157.

[195] Nelson W. A. , Temu A. Impacts of Prices and Transactions Costs on Input Usage in a Liberalizing Economy: Evidence from Tanzanian Coffee Growers [J]. Agricultural Economics, 2005, 33 (3): 243 – 253.

[196] Nicholas Minot. Effect of Transaction Costs on Supply Response and Marketed Simulations Using Non-separable Household Models [R]. MSSD Discussion Paper No. 36, 1999: 1 – 39.

[197] Nigel Key, Elisabeth Sadoulet, Alain De Janvary. Transactions Costs and Agricultural Household Supply Response [J]. American Journal of Agricultural Economics, 2000, 82 (2): 245 – 259.

[198] Olale E. , Cranfield J. A. The Role of Income Diversification, Transaction Cost and Production Risk in Fertilizer Market Participation [R]. working paper, International Association of Agricultural Economists Conference, 2009.

[199] Oliver Hart, Bengt Holmstrom. The Theory of Contracts, in T. Bewley (ed.), Advanced in Economic Theory [M]. Cambridge Univ. Press, 2003: 71 – 155.

[200] Omamo S. W. Transport costs and smallholder cropping choices: An application of Siaya district, Kenya [J]. American Journal of Agricultural Economics, 1998, 80 (1): 116 – 123.

[201] Otsuka Keijiro, Yujiro Hayami. Theories of Share Tenancy: A Critical Survey [J]. Economic Development and Cultural Change, 1988, 37 (1): 31 – 68.

[202] Otsuka K., Liu Y., Yamauchi F. The future of small farms in Asia [J]. Development Policy Review, 2016, 34 (3): 441 – 461.

[203] Pamphile Kokou Degla. Transaction Costs in the Trading System of Cashew Nuts in the North of Benin: A Field Study [J]. American Journal of Economics and Sociology, 2012, 71 (2): 277 – 296.

[204] Peter Hazell, Colin Poulton, Steve Wiggins, Andrew Dorward. The Future of Small Farms for Poverty Reduction and Growth [R]. International Food Policy Research Institute, 2020 Discussion Paper 42, 2007: 10 – 13.

[205] Pingali P. L., M. W. Rosegrant. Agricultural Commercialization and Diversification: Processes and Policies [J]. Food Policy, 1995, 20: 171 – 186.

[206] Pranab Bardhan. The Economic Theory of Agrarian Institutions [M]. New York: Oxford University Press, 1989: 1 – 5.

[207] Pratap Singh Birthal, Pramod Kumar Joshi, Ashok Gulati. Vertical Coordination in High – Value Food Commodities: Implications for Smallholders [R]. IFPRI MTID Papers, 2005, 85: 1 – 10.

[208] R. Randela, Z. G. Alemu, J. A. Groenewald. Factors enhancing market participation by small-scale cotton farmers [J]. Agrekon, 2008, 47 (4): 451 – 469.

[209] Racha Ramadana, Alban Thomas. Evaluating the impact of reforming the food subsidy program in Egypt: A Mixed Demand approach [J]. Food Policy, 2011, 36: 638 – 646.

[210] Ramaswami B. , Singh Birthal P. , Joshi P. K. Grower heterogeneity and the gains from contract farming: the case of Indian poultry [J]. Indian Growth and Development Review, 2009, 2 (1): 56 – 74.

[211] Reardon T. , Barrett C. B. , Berdegué J. A. , Swinnen J. Agrifood industry transformation and small farmers in developing countries [J]. World development, 2009, 37: 1717 – 1727.

[212] Rigg J. , Salamanca A. , Thompson, E. C. The puzzle of East and Southeast Asia's persistent smallholder [J]. Journal of Rural Studies, 2016, 43: 118 – 133.

[213] Sadoulet E. , R. Murgai, A. de Janvry. Access via Land Rental Markets [M]. Oxford University Press, 2001.

[214] Sadoulet E. , Fukui S. , Janvry A. Efficient Share Tenancy Contracts under risk: The Case of Two Rice-growing Villages in Thailand [J]. Journal of Development Economics, 1995, 45 (2): 225 – 243.

[215] Salazar L. , Winters, P. The Impact of Seed Market Access and Transaction Costs on Potato Biodiversity and Yields in Bolivia [J]. Journal of Environment and Development Economics, 2012, 1 (1): 1 – 29.

[216] Samuel Popkin. The Rational Peasant: The Political Economy of PeasantSociety [J]. Theory and Society, 1980, 9 (3): 411 – 417.

[217] Sen A. K. Peasants and Dualism with or without Surplus Labor [J]. Journal of Political Economy, 1966, 74 (5): 425 – 450.

[218] Setboonsarng S. , Leung P. S. , Cai J. Contract farming and poverty reduction: the case of organic rice contract farming in Thailand [M]. Poverty Strategies in Asia, 2006: 266.

[219] Simmons P. , Winters P. , Patrick I. An analysis of contract farming in East Java, Bali and Lombok, Indonesia [J]. Agricultural Economics, 2005, 33 (s3): 513 – 525.

[220] Singh S. Multi-national corporations and agricultural development: a

study of contract farming in the Indian Punjab ［J］. Journal of International Development, 2002, 14（2）: 181 - 194.

［221］ Skoufias, Emmanuel. Household Resources, Transaction Costs and Adjustment through Land Tenancy ［J］. Land Economics, 1995, 71（1）: 42 - 56.

［222］ Songqing Jin, T. S. Jayne. Land Rental Markets in Kenya: Implications for Efficiency, Equity, Household Income and Poverty ［J］. Land Economics, 2013, 89（2）: 246 - 271.

［223］ Stefania Lovo. Market imperfections, liquidity and farm household labor allocation: the case of rural South Africa ［J］. Agricultural Economics, 2012, 43（4）: 417 - 428.

［224］ Steven Were Omamo. Farm-to-Market Transaction Costs and Specialization in Small - Scale Agriculture: Explorations with a Non-separable Household Model ［J］. The Journal of Development Studies, 1998, 35（2）: 152 - 163.

［225］ Stuart D. Frank, Dennis R. Henderson. Transaction Costs as Determinants of Vertical Coordination in the U. S. Food Industries ［J］. American Journal of Agricultural Economics, 1992, 74（4）: 941 - 950.

［226］ Szabó G. G. New Institutional Economics and Agricultural Cooperatives: a Hungarian Case Study ［R］. International/European Research Conference on Local Society and Global Economy: The Role of Cooperative, 2002: 1 - 19.

［227］ Tao Zhu. Equilibrium Concepts in the Large Household Model ［J］. Theoretical Economics, 2008, 3（3）: 257 - 281.

［228］ Teklu Tesfaye, Adugna Lemi. Factors Affecting Entry and Intensify in Informal Rental Land Markets in Southern Ethiopian Highlands ［J］. Agricultural Economics, 2004, 30（2）: 117 - 128.

［229］ Wang H. , Moustier P. , Loc N. T. T. Economic impact of direct marketing and contracts: The case of safe vegetable chains in northern Vietnam

[J]. Food Policy, 2014, 47: 13 - 23.

[230] Wang X., Yamauchi F., Otsuka K., Huang J. Wage growth, landholding and mechanization in Chinese agriculture [J]. World Development, 2016, 80: 30 - 45.

[231] Wen Gong. Transaction Costs and Cattle Farmers' Choice of Marketing channels in China: a Tobit Analysis [J]. Management Research News, 2007, 30 (1): 47 - 56.

[232] Williamson O. E. Markets and Hierarchies: Analysis and Antitrust Implications [M]. New York: the Free Press, 1975: 141 - 145.

[233] Williamson O. E. Comparative Economic Organization: The analysis of Discrete Structural Alternatives [J]. Administration Science Quarterly, 1990, 36 (2): 269 - 296.

[234] Williamson O. E. Economic analysis of institutions and organizations, in general and with respect to country studies [R]. Economics Department Working Paper No. 133, University of California, Berkeley, 1993.

[235] Wooldridge J. M. Econometric analysis of cross section and panel data [M]. MIT Press, 2010.

[236] Yang Yao. The Development of the Land Lease Market in Rural China [J]. Land Economics, 2000, 76 (2): 252 - 266.

后　记

　　本书是在我的博士学位论文《专业化苹果种植户市场行为研究——基于交易成本视角的理论与实证》一文基础上，进一步修改、完善而成。在本书即将付梓之际，首先要感谢我的导师霍学喜教授。该研究最初的选题灵感来自导师主持的国家自然科学基金项目"交易成本对农户销售行为的影响及农民专业合作组织提升路径研究"。在该项目的执行期间，我深度参与了数据搜集、专题研究、中期进展报告和结题报告等工作，边参与，边学习，边思考，逐渐意识到，大转型时期的中国农村，政府和市场两种力量的融合、碰撞，对农户这一微观经济单元产生的影响，以及催生出的种种经济学问题，是新古典经济学和发展微观经济学等经典理论不能完全解释的，因而更加散发出迷人的魅力，遂决心向这一领域靠拢。当然，这期间也曾犹疑不定。

　　时至今日，研究的写作工作暂时告一段落。从作者的角度来审视，仍然有所遗憾：一是研究未能建立一个面板数据，这意味着截面数据固有的缺陷如内生性、变量遗漏问题或多或少都无法避免；更重要的是，不能从跨时期维度来审视农户行为的变迁轨迹。二是研究离构建起一个一致的、无偏的交易成本测度方法体系也仍有相当距离。客观上，农户面临的交易成本是一束成本，而且在要素市场和产品市场的表现形式具有很大不同。全书在这个问题上进行了努力尝试，但并未完全达到最初的研究预期。三是由于数据和方法限制，未能对要素市场上专业化农户的劳动力配置、信贷获取等要素配置行为进行考察，这些问题在未来的研究中需要继续努力。

　　回首这几年的研究过程，虽然遇到了各种挫折和磨难，但有幸得到各位师长、同窗、亲友甚至陌生人的援手，能够坚定"修行"的心智，不忘初心，得有始终。各位师长和朋友们给予我的指导和帮助，可视为这段"艰难"岁月里最丰厚的馈赠，自当铭记于心。

　　首先要感谢导师霍学喜教授的教诲、支持、鼓励和鞭策。从本科三年级的大学生创新实验计划开始，逐渐融入导师的团队，感受紧张有序的科研氛围，领略严格的治学理念和刻苦奋进的探索精神。后来，我有幸以硕博连读研究生的身份融入西部农村发展研究中心，致力于农业经济学的学习和研究。导师的率先垂范和严格要求使我能逐步形成良好的科研习惯；他注重方法论层次的启迪、因材施教的理念也使人获益匪浅。他的诸多教诲，如"像经济学家一样思考""注重学科之间的界限和联系""带着批判的思维去阅读"，均使我受益颇深；"有问题随时与我讨论"的气度，更使我不至于有无从下手的憾恨。

　　进入研究阶段后，从研究的选题、研究方案设计、数据搜集到最后的论文写作，都凝结着导师的智慧和心血。与导师无数次讨论、沟通甚至争论所达成的共识性观点，成为研究的起点和写作的准绳。在导师的支持下，我也能够有机缘在澳大利亚经济学年会、留美经济学年会、世界农经大会、世界银行年会等国际学术会议上，报告我们对"苹果"的最新研究成果，见识黄有光、林毅夫、伍德里奇、市村英彦、阿雷诺、戴宁格尔等知名经济学家的学术风采，领略国际前沿的科研脉络，开阔视野，增长阅历。在此，更需致以诚挚的谢意。

　　研究写作期间，多蒙刘军弟副教授、邵砾群博士、姜晗博士、刘红瑞博士、胡炜童博士在我身处困境之时施以援手，使我能度过苦厄，再一次选择责任与担当，再一次为出发积蓄起力量。感谢西部农村发展研究中心刘天军教授、闫振宇博士、闫小欢博士、同门师姐王丽佳博士、王静博士、孙佳佳博士在田野调查、学术讨论等方面的提携。在西农经管学院从本科到博士十余年的求学历程中，也有幸得到多位名师向我传道、授业、解惑，又有霍老师注意到的福缘，使我在求学之路上少走了许多弯路，也为后续的研究打下一生的基础。

同时，感谢中国农业大学何秀荣教授、西北农林科技大学罗剑朝教授、赵敏娟教授、朱玉春教授、刘天军教授富有启发性和批判性的评论以及太原科技大学关海玲教授的支持。

在数据调研方案的设计过程中，邵崇斌教授给予了大力帮助。邵老有关抽样方法的针对性意见使调研方案兼具了科学性和可行性。在数据调查过程中，同门手足麻丽平、冯晓龙、冯娟娟、马燕妮、马兴栋、崔婷婷、张聪颖、张连华、杨丽红、鲁欢欢、张臻雨、李星光与我一起组成调研团队，历时五个多月，完成了数据搜集工作。在调研过程中，大家每日早出晚归，同舟共济，共同战胜了台风、暴雨、酷暑等种种困难，同门手足情谊愈加深厚，相互间协调配合更加纯熟，真正同甘共苦，也能最终分享成功的喜悦。麻丽平师兄、冯晓龙师弟和杨丽红师妹无私地帮我分担了大部分本应由我自己承担的问卷录入工作，在此更要对他们的慷慨帮助记上浓重一笔。

论文的实地调研得到了农业部重大专项"苹果产业经济研究"（CARS-28）和国家自然科学基金项目"交易成本对农户销售行为的影响及农民专业合作组织提升路径研究"（70973098）的资助，以及国家现代苹果产业技术体系各功能研究室、综合试验站以及苹果基地县果业部门的协调配合。相关机构分别是：平凉综合试验站、庆城综合试验站、延安综合试验站、泰安综合试验站、烟台综合试验站、三门峡综合试验站、白水综合试验站、庄浪县果业局、静宁县果业局、庆阳市果业局、庆城县果业局、宜川县果业局、宝塔区果业局、富县果业局、洛川县果业局、白水县果业局、沂源县果业局、蒙阴县果业局、栖霞市果业局、蓬莱市果业局、二仙坡绿色果业有限公司、华圣果业有限公司，在此对他们的帮助致以深深的谢意。

在研究过程中，感谢密歇根州立大学尹润生副教授、金松青副教授、鹿罡博士、周亮博士和南京农业大学王翌秋教授给予的帮助，与他们的沟通和讨论加深了我对中国土地市场交易成本的认识；还要感谢 Jeffrey Woodridge、Kyoo Kim、Tim Vanslong 等教授允许我旁听高级统计、横截面与面板数据（上、下）、时间序列计量经济学等课程，并获得与注册学生同等的学习资源。

最后，本书的出版得到了经济科学出版社及其团队对文稿的细致修改以及大力支持，在此更需致以诚挚的谢意。

是为记！